佐藤 葉［著］

さあ行こう！一家をあげて南米へ

――日本人移民の物語

梨の木舎

はじめに

ある日、父にこう尋ねた。

「ブラジルへ移住しようとは思わなかったの?」

アメリカで、日系人を身近に感じるようになって帰国したころだったと思う。

父はパン屋の倅だった。祖父は埼玉県でもいち早くパンに目をつけ、神戸のパン屋に弟子入りしてかなり早い時期にパン屋を開いたのだそうだ。伯母が継いだそのパン屋は小さいが繁盛して、学校給食のパンも扱っていた。

パン屋を開いた祖父は、もともと農家である本家の長男で跡取りだった。しかし嫁姑の折り合いが悪く、家を出てパン修業に行き、独立した。曽祖父が亡くなったとき本家の跡取りとして教師となった伯父(父の兄)が戻った。

父は次男で、高等小学校を出たら働くことを期待されていたようだ。しかし成績が良かったので、学校の先生が両親に父を進学させるようにと勧めた。そのおかげで、父は奨学金をもらいながら高等商業学校へ進み、卒業後銀行員になった。

パン屋であれ農家であれ、いずれにせよ父は次男だった。父の時代の次男は働き手で、後継ぎではないから財産を分けてもらうことは期待できない。ゼロから自分の人生は自分で切り開かなければならない。

時代背景をみると、アメリカで移民を制限するいわゆる「土地法」が制定（1913年）された翌14年、ブラジルを新たな移住先として日本移民協会が設立され、移民を募って広告を展開していた。「さあ行かう、一家をあげて南米へ」と、男性が明るい顔でブラジルを指さしているポスターは、移民すると広大な農地が手に入り豊かになれる、と夢を誘っている。

このポスターにも引っ掛かりを覚えていた。そこで、先の質問をしたのである。

「勇気がなかった」

と父は一言だけ答えた。「勇気」。父の言葉は、私の胸の中のどこかに引っ掛かった。ほんの少しの勇気があったら父はブラジルへ渡り、私はブラジル生まれの日系二世になったのかもしれない。日本に生まれ、日本文化の中で育った私と、海の向こうで異なる文化を持って育った私と、何が違ったのだろうか。

初めに頭に浮かんだのは、アイデンティティである。都市銀行の銀行員は転勤が多い。私も、1年半から2年ごとに転校を繰り返した。文化背景の違う土地で育ったためか私は周囲の人との違いをなんとなく感じ、アイデンティティにこだわってきた。日本の文化を持つ日本人を両親として外国で生まれたら、その人のアイデンティティはどこにあるのだろうか。どのように形成するのだろうか。

そのころ、南米のボリビアという国に「オキナワ村」という場所があることを知った。沖縄の人々がボリビアへの移民となった理由が、日本の歴史の中で大変な重みを持っていることに愕然とした。それ以上に、その歴史を私が知らなかったことに、愕然とした。

　ボリビアからの研修生に話を聞き、ボリビアから日本に戻ってレストランを営んでいる人に話を聞き、話を聞くだけでは想像してもわからず、現地で話を聞いた。単なる取材の域を出ず、住んでみることにした。パラグアイにも足を延ばし、アルゼンチンでも多くの出会いがあった。当初疑問を持ったアイデンティティの形成は違いを知るための入り口で、日系人が置かれている状況と日本とのつながりが切実に迫ってきた。頭の中に湧いてきたたくさんの疑問符と、各地の人々の思いを紙面にとどめようとしたのが、本書である。

　なお、1960年設立の公益財団法人海外日系人協会は、日本から海外に本拠地を移し、永住の目的を持って生活している日本人とその子孫の二世、三世、四世などの人々で（国籍、混血は問わない）を海外日系人として定義している。2022年現在、世界では約400万人おり、アメリカ合衆国約148万4200人（2019年）、ブラジル約190万人、ボリビア約1万1350人、パラグアイ約1万800人、アルゼンチン約6万5000人、その他ペルーに約10万人、そして日本には約27万人がいると推定される。日本の日系人は、世界で3番目に多い。

目　次

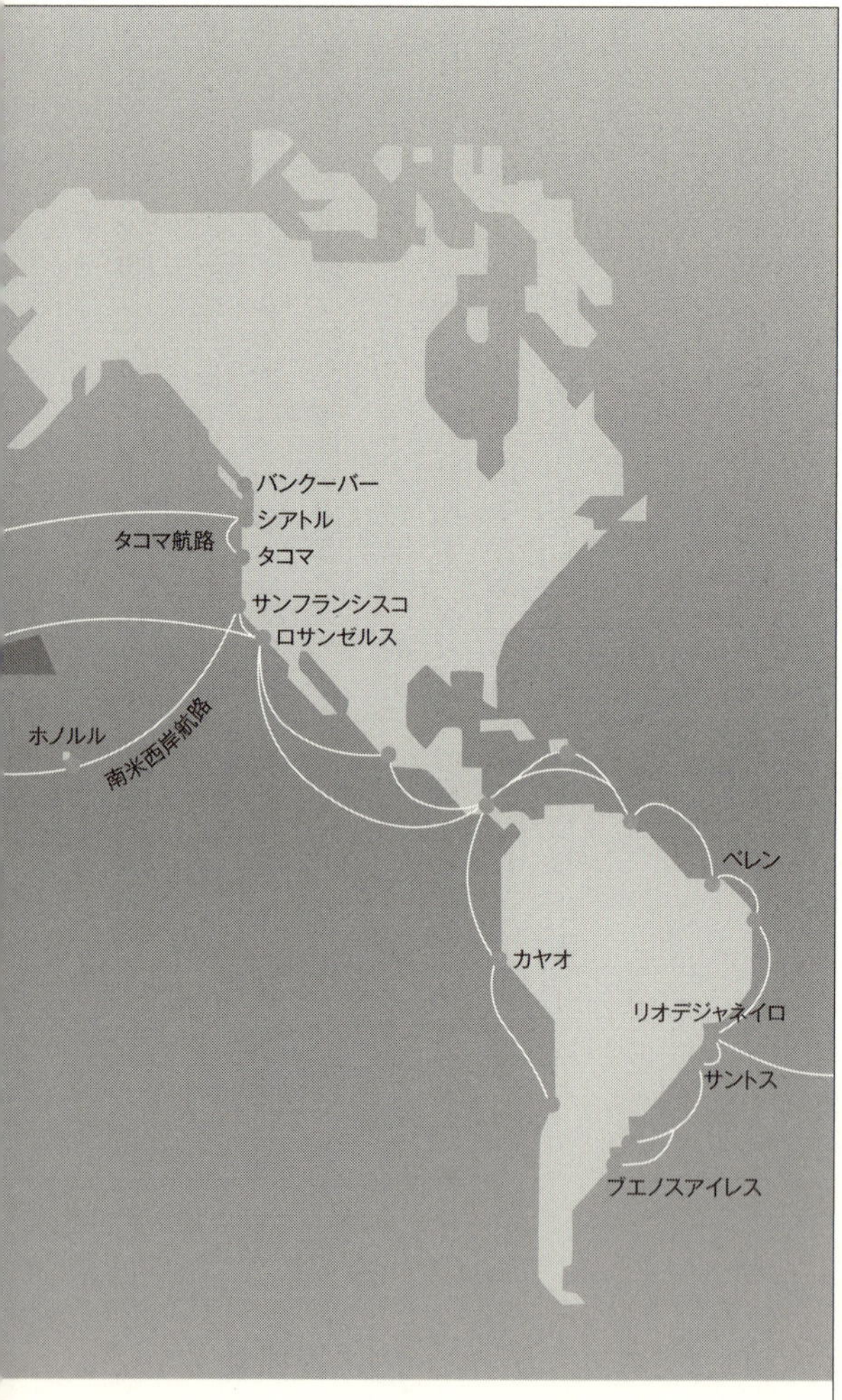
バンクーバー
シアトル
タコマ航路
タコマ
サンフランシスコ
ロサンゼルス
ホノルル
南米西岸航路
ベレン
カヤオ
リオデジャネイロ
サントス
ブエノスアイレス

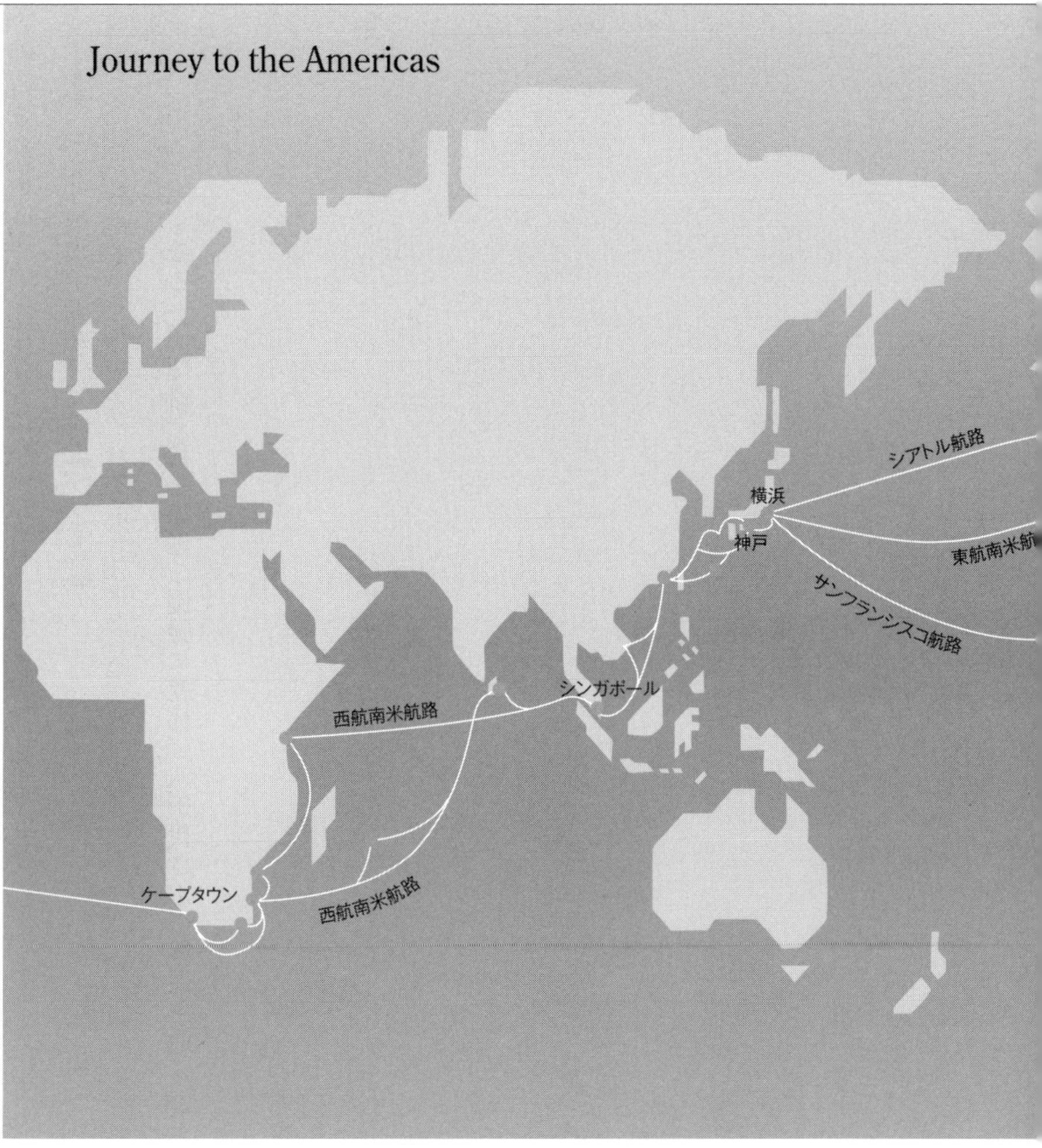

51．移民船航路図　山田迪生氏監修の原図より作成（所蔵：JICA 海外移住資料館）

1章

太平洋戦争の狭間《はざま》を生き抜く

――アメリカ合衆国で

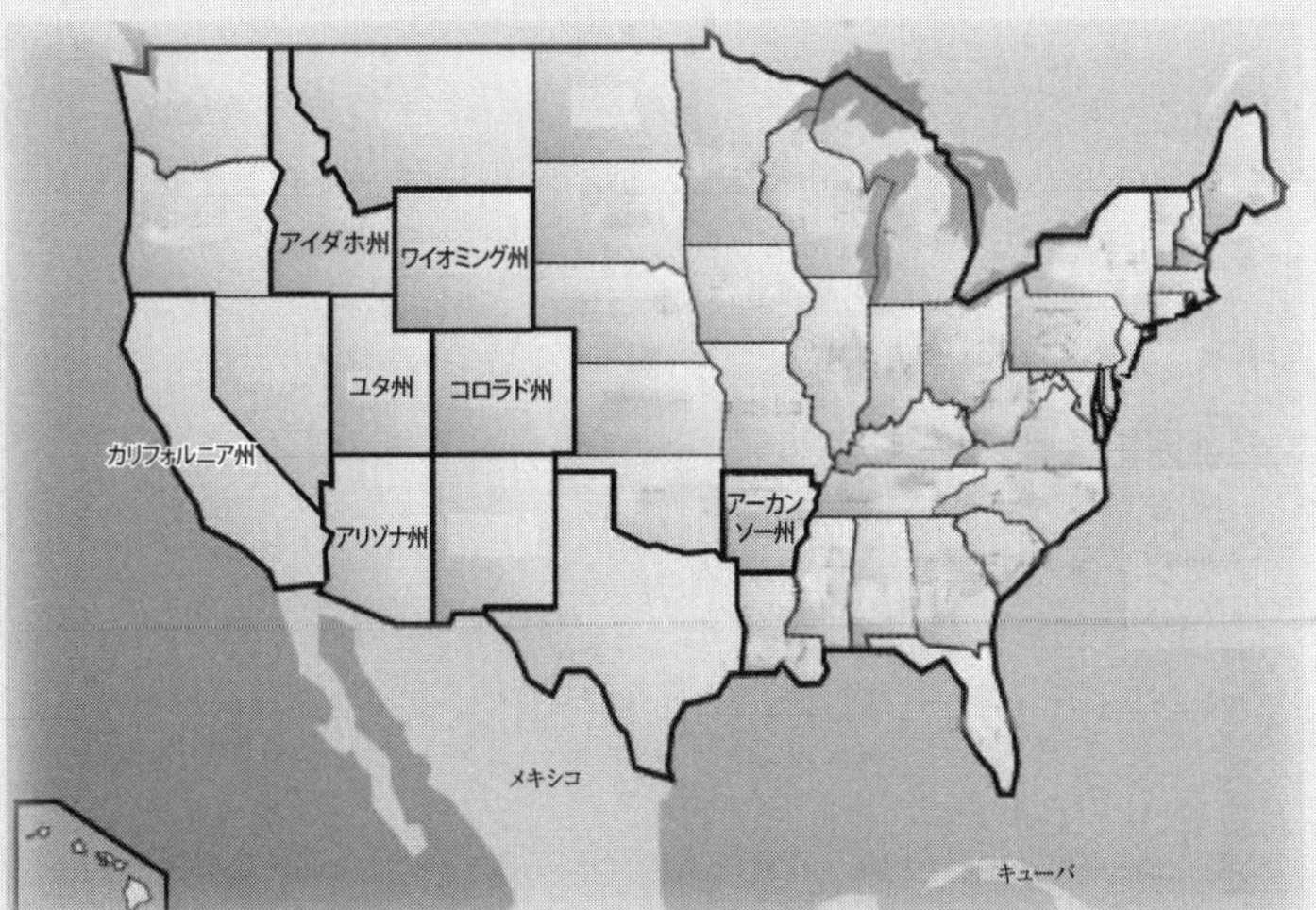

強制収容所があった州

アメリカ合衆国（出典：外務省HP、アメリカン・センター、wikipedia、世界史の窓HP）

面積：983 万 3,517㎢（50 州の合計。日本の約 26 倍）
人口：約 3 億 3500 万人（2023 年 10 月合衆国統計局推計）
首都：ワシントン D.C.
言語：主として英語（法律上の定めはない）
宗教：信教の自由を憲法で保障。おもにキリスト教
政体：大統領制、憲法により 3 選は禁止。連邦制(50 州ほかプエルトリコなど 5 特別区)。
議会：2 院制　上院　100 議席、任期 6 年（2 年ごとに約 3 分の 1 ずつ改選）
下院　435 議席、任期 2 年（2 年ごとに全員改選）
軍事力：2022 年度国防費予算＝ 7,766 億ドル　兵役＝志願制
主要産業：工業（全般）、農林業（小麦、トウモロコシ、大豆、木材、他）、金融・保険・不動産業、サービス業
GDP：25 兆 4,627 億ドル（名目、2022 年）
1 人当たり GDP：7 万 6,398 ドル（2022 年）
GDP 成長率：2.1％（2022 年）
失業率：3.9％（2023 年 10 月）
貿易額（2022 年）：輸出：2 兆 899 億ドル　輸入：3 兆 2,729 億ドル
主要貿易品目（2022 年）：
輸出：工業用品、原材料（エネルギー製品・医薬品を除く化学品など）、エンジンなど自動車部品、航空機、医療用品・医薬品など
輸入：発電機械・電気機器・部品、家庭・台所用電化製品その他家庭用品、工業用品および原材料（エネルギー製品、金属・非金属製品など）
通貨／為替レート：1 ドル＝ 156.02 円（2025 年 1 月 20 日）
在留日本人数：41 万 8,842 人（2022 年 10 月現在）
在日合衆国人数：6 万 2,425 人（2023 年 6 月末現在）
国旗：星条旗と呼ばれ、赤、白、青が基本色。白は純真さと潔白、赤は大胆さと勇気、青は警戒と忍耐と正義を表す。1777 年 6 月 14 日制定。赤白交互の縞 13 本は独立当初の 13 州を、青地に白い星は国内の 50 州を表す。縦横比は 1：1.9

マンザナール巡礼、バスツアーに参加

ロサンゼルス。4月の朝5時前。暗い通りにオレンジ色の街灯が並んでいる。私は慎重に運転した。迷わずにたどり着けるか、集合時間に間に合うかと、不安を感じながらの運転だった。集合場所はロサンゼルス市の南にあるガーデナ市である。ガーデナーとは庭師のことで、移民した日本人に庭師になった人が多く、また日本人移民が多く住んでいたから名付けられたと聞いた。私がロサンゼルス近郊の町に住んでいた1988年にも日系人が多く住んでおり、「資生堂」だの「〇〇理容店」だの日本語の看板が多く、日本の下町のようで、嬉しいような何だかくすぐったいような気がする町だった。

ある日、地域の日本語新聞にロサンゼルスの日系人たちが「マンザナール巡礼」をするという記事が載った。「マンザナール」とは、太平洋戦争時にアメリカの敵国である日本人を強制的に立ち退かせ住まわせた「強制収容所」の一つがあった場所である。全米に7カ所作られ、カリフォルニア州、アリゾナ州、コロラド州、ワイオミング州、ユタ州、アイダホ州、アーカンソー州に施設があった。

アメリカでは、強制収容所を「relocation camp（転住所）」と呼ぶ。どんなところなのか、かねてから気になっていた。これは自分の目で見るチャンスだ。

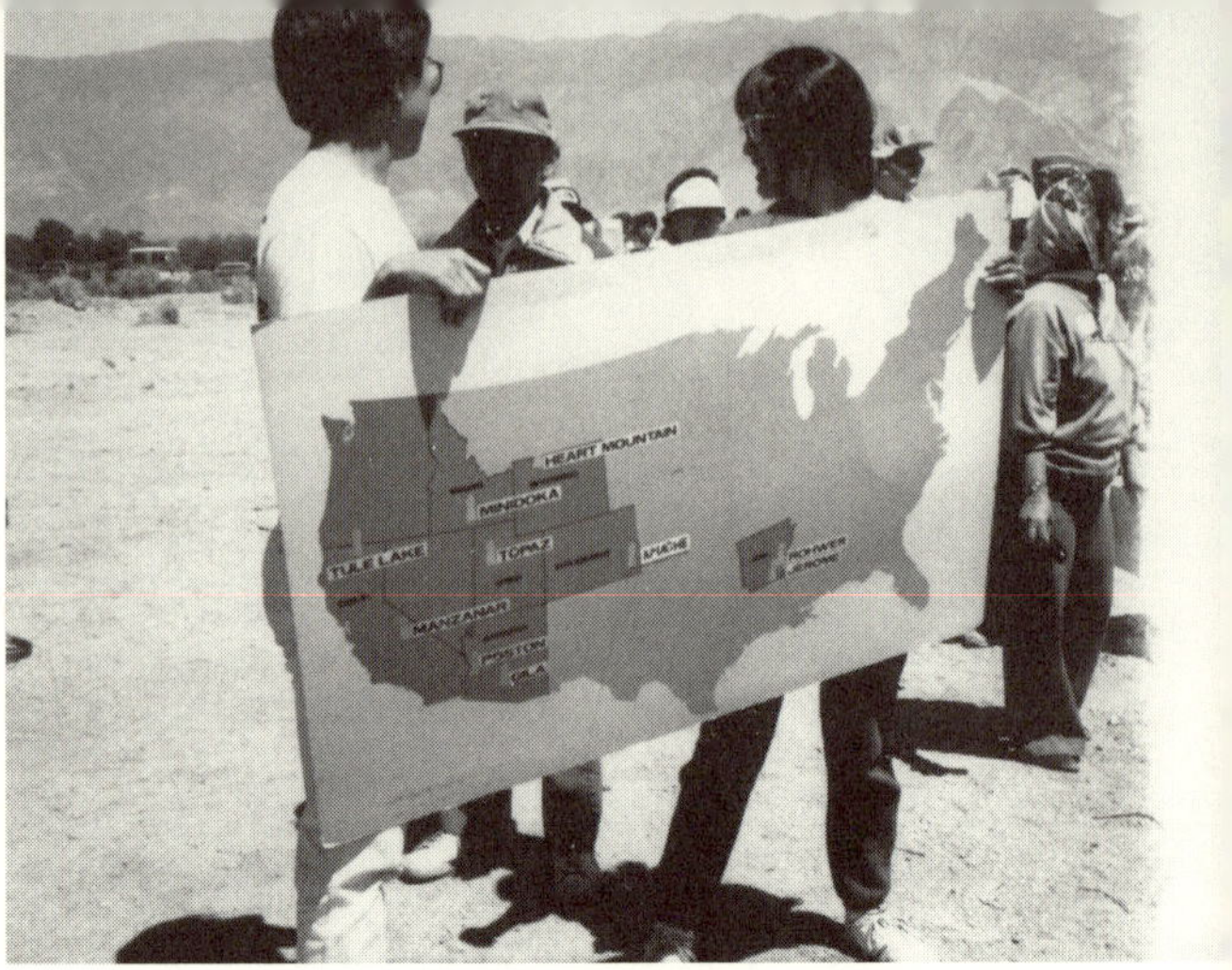

マンザナール強制収容所跡で、アメリカ国内にあった強制収容所の地図を掲げる人

集合場所の中学校の校庭では、人々がグループを作っては楽しそうに話している。日系人が多いが、白人も少なからずいる。中学生ぐらいの子どもたちが30人ほどだろうか、にぎやかだ。

バスに乗り込むと、前の方の席はすでに埋まっていた。後部座席の私の周りは中学生たちだ。てんでにおしゃべりに夢中で、私は、やれやれ、このおしゃべりがずっと続くのか、とうんざりする。すると、中年の男性が静かにするよう、中学生たちに注意し始めた。バスが走り出して生徒たちが静かになると、その男性が私に話しかけてきた。

「あなたは、日本人ですか?」

いかにも、英語を母語とする人の発音と言い回しである。続けて、どうやってこの巡礼ツアーを知ったか、なぜ参加しようと思ったかなどと切り込んでくる。

「私はケンといいます。毎年、このツアーに参加しています。彼らは、私が受け持つ中学生です。このツアーに日本人が参加したのは、あなたが初めてです。だから、なぜかと思いました」

ケンさんは日系三世で、中学校で社会科の教師をしているとのことだ。ロサンゼルスの中心部、日系人が多い町に住んでいる。教え子たちに、アメリカ史の一環として太平洋戦争時の日本人との関わりと強制収容についても話しているようだ。自由参加のツアーにこれだけ多くの生徒が参加している。日系人だけでなく、地域の子どもたちにも関心を持ってもらえている様子に、なん

マンザナール強制収容所跡の荒野（1988 年）

だか心が和んだ。
　私の子どもたちが通っている地域の公立学校で使っている歴史の教科書には、日本はアメリカに何の通達もなく真珠湾攻撃をしハワイのアメリカ軍兵士に犠牲者が出たことや、アメリカが広島と長崎に原爆を落としたこと、戦争がその後終結したことが書いてあるが、その記述には原爆投下を肯定しているような印象を受けた。日本人としては原爆を肯定してほしくない。私は、英語では理解が進まない歴史の内容を日本人の子どもたちに日本語で簡単に説明するボランティアをしていたので、担任教師にどのように教えているのかを聞いてみた。教師は困った顔をしながら、「そのあたりの教え方は難しいです」と答えた。どうやら教科書の記述をぼかしながら教えているようだが、漏れ聞こえてくるアメリカ人の子どもたちどうしの会話では、やはり日本が悪い、原爆投下は間違ってはいない、という単純な言い方が多かった。
　そのような教科書と教育環境の中で、ケンさんはマンザナール日本人強制収容の歴史事実を生徒たちに知らせ、子どもたちは巡礼ツアーに参加している。

大統領に謝ってもらっても……

マンザナール巡礼一行のバスは商店街や住宅街を抜け、だんだん木がまばらになり、やがて、灌木がわずかに生える程度の砂漠となった。2時間あまり走ったとき、休憩、というアナウンスが聞こえた。そこは、西部劇によく出てくるような小さな町だった。レストランのトイレに並んだとき、前にいた年配の女性たちに声をかけた。聞いてみると、どの人もマンザナールに収容されたという。私は、レーガン大統領が日系人（＝在米日本人）の強制収容は間違いであったと謝罪し、強制収容した人々に1人につき2万ドルの補償金を出すという新聞記事を見せ、思い切って聞いてみた。

「レーガン大統領が謝罪したとありますが、どう思いますか？」

女性たちは、固い顔をして押し黙った。私は重ねて、

「1人につき2万ドル補償するということですが？」

「たったそれだけじゃ……」

答えた女性はきゅっと口を引き結んで横を向いた。隣にいた女性も、黙って硬い顔をしている。ツアーの女性たちの沈黙と硬い表情に、私は一瞬戸惑い、言葉を継ぐことができなかった。2万ドルというと、当時のレートで300万円ぐらいだ。一国の大統領が、過ちを認め、謝る、ということが、私には驚きであった。戦後40年以上経ったが、過去について謝ったことが私は素直に嬉しかった。日本の政府は、謝ることがほとんどない。むしろ政府は謝らないものだと思っていた。

しかし、実際に強制収容された人々にしてみると、家や土地、仕事など失ったものを思えば補償金は少なすぎるし、傷つけられた誇りは大きすぎる。踏みにじられた悔しさもある。今さら謝罪されても……と、歯噛みする。

戦前、一世たちは、アメリカがどんな所か詳しく知らないまま働きに来た。まじめに働いていたら、なんと戦争がはじまり、「敵国外国人」とレッテルを貼られ、どうなることかと不安に駆られていた。すると、立ち退き命令が出た。行先は強制収容所である。これまで法を守りまじめに働いてきたのだ、違法だと主張する人たちや、その扱いに憤る人たちもいた。

一方、日本人移民と交流のない人や、仕事で成功していく日本人移民に妬みや危機感を持った人々は、不満を募らせていた。日本の真珠湾攻撃によりその不満が噴出し、悪口・陰口をたたき、地域から日本人移民を排除しようとした。彼らは日本国籍だからスパイになるのではないかという偏見もあった。偏見は差別となり、差別はさらに助長され、日本人移民は身の危険を感じるようになっていった。

強制収容は、表向き、そのようなひどくなる状況から日本人移民を守るという理由だったが、敵国外国人を監視するためには違いなかった。

日本人移民たちを取り巻く環境の急激な変化で、彼らには抗うより諦めの気持ちが湧いてきた。持っている資産をすべて売り払い、あるいは仲が良かった隣人や地域の人に貸す人もいた。農地や住居などを借りたアメリカ人の中には、よからぬ思いをもって戦後返さなかった人や、借りていた土地であるのに売り払った人、賃借料を当初の契約を反故にして払わなかった人もいる。いずれにせよ、日本人移民はこの強制収容によって、得られるはずの利益を失い、営々と築いてきた農地や財産を放棄させられ、さらに見も知らない地へと送られた。

マンザナール強制収容所で亡くなった人々が祀られている

いつも風が吹く地

休憩地からさらに2時間あまり、バスは砂漠の中をひた走った。到着したマンザナールは、カリフォルニア州北部のモハベ砂漠の中、シエラネバダ山脈の東側にある。Manzanar Relocation Campと看板が立てられているだけで、ポヨポヨと草が生えているだけの砂、砂で、砂というより土くれである。その土くれから目を上げると、高い山々が雪を頂き、連なっている。空は青く、青く、吸い込まれそうである。春の太陽の光は強くなっていたが、空気は冷たく、頬にピリッとした刺激を感じる。

召集がかかった。収容所跡の片隅に、人の背丈の3倍ほどある石碑が立っていた。『慰霊の碑』とある。同行した僧侶が経を唱え、次に神父が進み出て祈りを捧げた。人々は頭を垂れる。「マンザナール巡礼の旅」とは、ここで没した人々への慰霊の旅ということである。

盆踊りが始まった。炭坑節、花笠音頭など日本の盆踊りである。上手に踊る人もいれば、見よう見まねの人もいる。日系人以外の人々も輪に入って楽しそうに踊る。強制収容された砂漠の中の跡地で、日系人、日系人以外の人々、中学生たちが同じ踊りを踊る姿は、かつて排斥した民族と、排斥された民族、それに未来を託す子どもたちが溶け込んでいく輪のようで、胸があたたか

慰霊塔に手を合わせる人々の列

くなった。

風が吹きつけてきた。砂が巻き上げられる。目が開けられない。これまで読んだマンザナール収容所に関する本の一節を思い起こした。にわか作りの収容所の建物は隙間だらけで、食事どきにはご飯に砂が混じり、噛むと口の中がジャリジャリいう。とくに春と秋は強風で、始終砂が巻き上げられた。夏は摂氏40度を超える。熱風が吹きつける。冬は室内も室外と同じ零下になり、小さなストーブだけの室内は寒く、コートを着て寝ても寒くて震えたという。本の記述の冬の厳しさを想像してみる。気温は零下20度にもなっただろうか、乾燥した空気は肌に突き刺さり、冷たさで鼻が痛くなったことだろう。

盆踊りのあとは昼食となり、それぞれグループを作り、おにぎり、サンドイッチなど、持ってきたお弁当を開いた。腰掛けるところはないかとあたりを見回していると、ケンさんが生徒数人とやってきて、一緒に食べようと誘ってくれた。私は喜んで、少々騒がしい中学生たちの仲間に加わることにした。ケンさんはあれこれ私に質問し、中学生たちにはマンザナールでの人々の生活などを話した。

自由行動時間にケンさん一行とあたりを散策した。どこにも建物の跡はない。建物の基礎に石を使ったのではないかと推測するが、石はところどころに散らばっているだけである。

アメリカの有名な写真家、アンセル・アダムズの写真を思い浮か

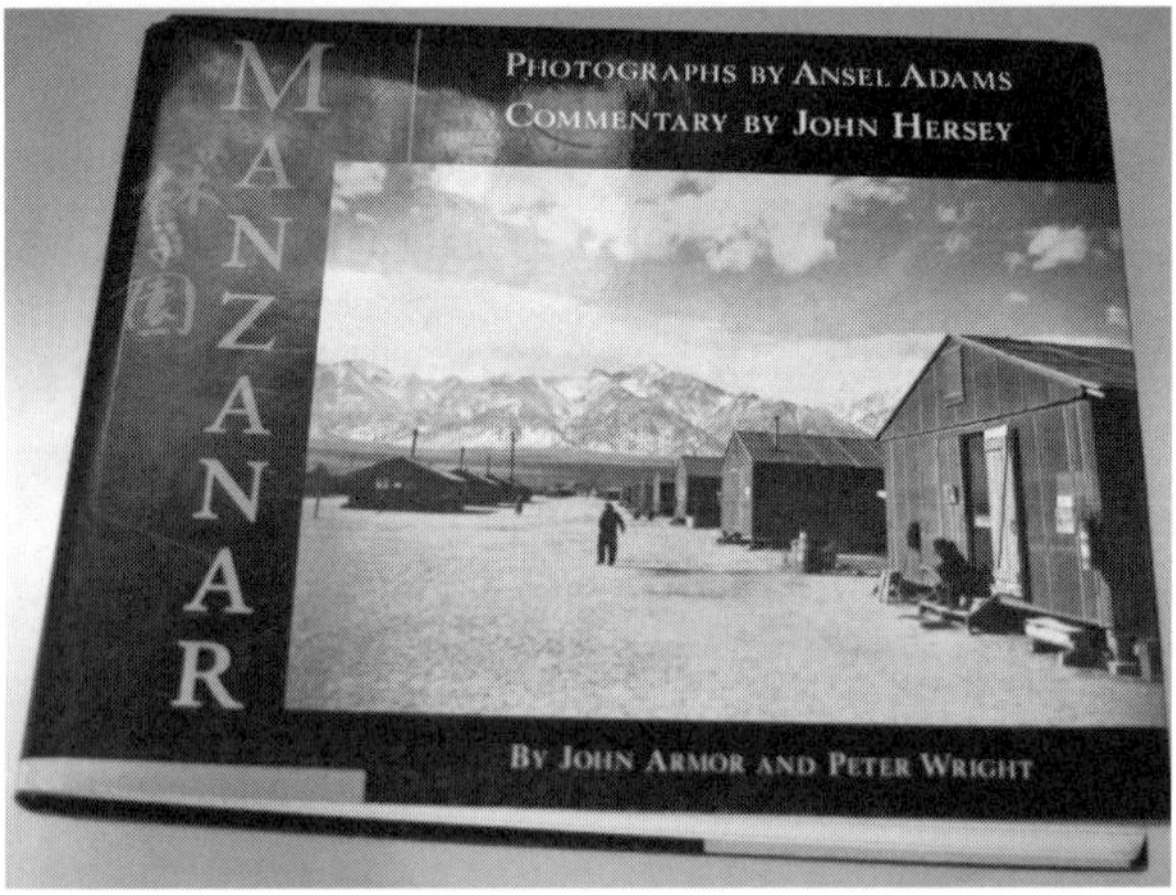

荒野に並ぶ建物：本『マンザナール』の表紙
ジョン・ハーシー、アンセル・アダムズ著

べた。写真集『マンザナール』の表紙の、雪を頂いた山並みを背景に長屋のような建物が整然と並んでいるモノクロの写真である。陰影がはっきりしていて美しさと厳しさが表紙の1枚の写真の中に凝縮されており、はっとする。写真集は、アダムズの写真とジョン・ハーシーの解説により構成されている。

　ハーシーは、マンザナール強制収容所の様子を以下のように描いている。長屋は木を打ち付け、タールを塗った急ごしらえのバラックで、軍隊のテントよりましという程度の代物であったこと、有刺鉄線で囲まれた敷地の中に５０４棟あり、集会所、レクリエーション室、食堂、シャワールーム、病院があったこと、１棟には14部屋あったが1部屋8人が基本で、人数に満たない場合は2家族が入居したこと、１９４２年6月設置のにわか作りの建物に、同年10月の時点で日本人と二世の人々１万２７１人が住んでおり、その約4分の1は学童であったことなどである。

　マンザナール強制収容所に最初に到着したのは82人で、「自分の意志で」だった。その後、日本人と二世を乗せたバスが次々と各地から到着した。電車と2家族乗り合いの車などを乗り継いでやって来る人たちもいた。『マンザナール』の裏表紙の写真は、どんよりとした雲の下、乗り合いの車から荷物を下ろす人々の姿である。

　敷地には監視塔があり、銃を持った兵士が監視していた。アメリカで生まれてアメリカ国籍を持つ日系二世も、日本人の血を引くからという理由で収容された。どのような理由にせよ、日本人移民は強制収容されたのであり、鉄条網の中で監視された生活を強いられればそれはすなわち監獄であり、囚人と変わらないとハーシーは書く。

「この土地に水はなかったんですけど、人々は水を引いてきてここに池を作りました」

とケンさんが指さしたところを見ると、たしかに池のような形に掘った跡がある。

収容された人々が丹精込めて作った日本庭園の名残り

「周りには花や木を植えて庭園を造ったんです」

松がまだ生きている。収容所を閉鎖してから1988年のこの日まで43年経っているが、松は人の背丈ほどでしかない。43年経ったにしては背が低いとしても、これほど乾いた土地で松が生きていることが奇跡的なのかもしれない。生徒たちは、日本の庭園だからなのか、庭園を造ろうしたことになのか、それとも松を選んだということになのか、興味深そうに見ている。

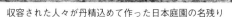

ハーシーの記述によれば、この地に最初の開拓者が入ったのは18世紀だった。マンザナールとはスペイン語でリンゴ畑という意味だから、砂漠の中に名付けた名前にしては不思議に思っていたが、謎が解けた。今は砂漠だが、入植したころは山脈からの水で土地は潤っており、リンゴ畑ができるほど肥沃な土地だったという。

1919年、政府がここを買収した。ロサンゼルス市の人口が増え、山脈からロサンゼルス市まで用水路を掘って水を供給したところ、マンザナールをはじめとする周辺の土地は干上がって砂漠となってしまった。

思いもよらない、水のない収容所での生活の中で庭園を造ったということが、私にはジンときた。自分たちの生活を慣れ親しんだ環境に近づけ、安心感が持てる場所にすることと、より良いものにしようとする努力と思いが、この造園にはあふれていた。

水がない地でどうやって暮らせばいいか——収容された人々は暗澹たる思いになったが、気を取り直し、収容所近くで見つけた谷から水をひき、自分たちが食べるものを少しでも賄おうと家庭菜園を作った。根気強く砂漠の土を掘り起こし、収容から4カ月後、12㎢の農場ができた。まずゴムを植えてみた。立派に育つのを見て、トウモロコシやトマトなどの野菜を作った。1年後、農場は60㎢に広がり、倉庫を作ったところ作物の貯蔵でいっぱいになった。作物の次は、鶏や豚を飼育した。二世の多くは農業を知らなかったが、ここで習得した農業技術を生かし、収容所の外の農場へ働きに出る人も出てきた。日本人の労働者がいなくなって困る白人の農場もあったからである。しかし、収容所の外には差別や偏見が多く、収容所内のほうが生活の場として安心できることもあった。

大工仕事ができる人は、家具づくりを、料理が得意な女性たちは調理を担当した。また、収容所内で商売を始める人も出てきた。農業だけでなく、商才を発揮していた人も多かったからである。収容所内で協同組合の設立を呼び掛け、1人5ドルの出資は小さくはないが、1943年末にはほぼ全員が加入するようになり、さらに売り上げを順調に伸ばした。床屋、美容院、クリーニング店なども開店し、185人の雇用が生み出され、収容所は大きな町を形成していった。商売をしたことがなかった人も、商売を学ぶ機会となった。

収容された日系二世はアメリカ国籍を持っているので、アメリカへの忠誠心を示そうと1943年、軍に志願した人たちがいる。この志願兵4500人は第442連隊と呼ばれる。第442連隊は1944年にヨーロッパ戦線に送られ、勇敢な働きをした。とくに、ドイツ軍に取り囲まれ退路を断たれたアメリカ軍211人の救出のため、連隊の400人以上が死傷した。これは、アメリカ陸軍史にも残る戦いとなった。第二次世界大戦で、第442連隊の約650人が亡くなった。

マンザナール強制収容所は、3年半後の1945年11月に最後の収容者が自由となり、閉鎖された。

ハワイに始まった日本人移民

ハワイへの最初の移民は、サトウキビ・プランテーション労働者だった。1885年のことである。日本とハワイとの政府間の協約に基づく移民なので、「官約移民」と呼ばれている。労働は過酷だったようで、移民を全国から募集しようとしたが、体力的に強そうだという思惑から、福岡県、熊本県、山口県、広島県の4県に絞られた。ハワイ移民局の判断だったという。

日本は新しい国づくりを始めたばかりで安定した世とは言い難く、また仕事もそう多くはなかった。多くは「出稼ぎ」のつもりで懸命に働き、お金をため、10年以内に約6割の人が日本に戻ったが、ハワイに残る人々もいた。

人々は集まって暮らし、コロニーが形成され、文化的、精神的なものを求めるようになる。知

サトウキビ農園（所蔵：JICA 海外移住資料館）

人の祖父は、明治時代に神主として呼ばれてハワイに移住した。

日系人の中から牧師になる人も出てきた。東京の新宿にあるシャローム教会のエルマー・イナフク牧師は、ハワイの日系三世である。イナフク牧師の父親は1914年に、母親は1915年にハワイで生まれた二世だ。しかし父親、母親の両親とも、赤ん坊を連れて沖縄に帰国した。イナフク牧師の父親が9歳のとき、両親は再びハワイに渡り、その後ハワイに永住した。父親は学齢期だったので現地校へ通ったが、英語の授業についていくのが辛かったようだ。英語を習得するだけでも苦労したので高校進学をやめ、両親の仕事を助けて働いた。牧師の母親は沖縄で育ち20歳のときハワイに戻ったので、まったく英語がわからなかった。現地の言語ができなければ収入の高い仕事にはつけず、金銭的に苦労したそうだ。

父と母は結婚し、父親は真珠湾で仕事を見つけて暮らした。平穏な日々だったが、1941年12月7日、日本軍が真珠湾を攻撃した。爆撃されたその日は日曜日だった。父親の仕事は休みだったので真珠湾に行かず、自宅にいた。日曜日が幸いして、父親は爆撃を免れることができた。

父親は真珠湾での仕事をやめ、養鶏の仕事を始めた。母親も一緒に働いた。生き物相手の仕事は休日を取ることができず、来る日も来る日もひたすら働き、6人の子どもを養い、教育も受けさせた。50年養鶏の仕事をしたが、子どもたちには後を継いでほしいとは一言も言わなかった。

イナフク牧師は、一世はとてもよく働き、子どもたちに教育を、それも良い教育を受けさせたので二世は成功していると言う。三世になると、勤勉な人とそうでない人に分かれてきている。

また、三世になると非日系人との結婚も増えてきており、次第にハワイに同化し、日系社会は失われてきていると感じるそうだ。

イナフク牧師の6人兄弟姉妹のうち、日系人と結婚したのが4人、非日系人との結婚が2人である。みなお互いを認め合い、一つの大家族のようになっているとのことだ。

「日系人は社会的にとても敬意を払われており、良好な環境です」

1900年にはハワイ行きのパスポートを持つ移民の中に、カリフォルニア州に渡った人たちもいた。カリフォルニアへの渡航は年々増えていった。

日本人移民は勤勉に働き、土地を手に入れていった。アメリカの農民たちにはそれが脅威となり、1913年、カリフォルニア州議会は「外国人土地法」を成立させ、日本人など外国人が土地を取得できないようにした。しかし、「土地法」制定以前から、日本人への排斥、差別はひどくなっていたためか、近隣の地主は日本人移民には土地を売らなくなった。そして、日本の真珠湾攻撃が知れ渡り太平洋戦争へと突き進むと日本人排斥はますます強くなり、日本人と日系の人々は強制収容所へ送られることになった。

日本語での会話を楽しむケンさんの思い

マンザナール巡礼に中学生たちを連れてきたケンさんの両親は、カリフォルニア州の北部にあるツールレイク強制収容所に入った。地図には名前が載っているが、ここも「ツールレイク戦時転住所」という看板があるだけで何の痕跡もない荒れ地になっていた。

マンザナール巡礼の旅が終わっても、ケンさんはときどき連絡をくれた。ケンさんは三世で公立学校の教師なので授業は英語で行う。これまであまり日本語を話す機会はなかったそうで、ケンさんは、日本の生活のことや、日本の教育のことなどを質問してきた。

アメリカの教育は日本の当時の教育から見るとずいぶん自由に見えたが、教師の側からは大変らしい。なかなか生徒が教師の言うことを聞かない、あまりに強情だと殴りたくなる、それをじっと我慢するのだ、などを話したときは、ケンさんはおなかの前に握りこぶしを作り、それをつき上げるようなしぐさをして悔しそうな表情をした。思春期の中学生を御すこと、とくに人権の意識が強いアメリカでは相当なストレスがあるのが察せられた。日本の中学生もそうだが、アメリカの生徒たちもむき出しの自我をぶつけることがある。

怒りを垣間見せたケンさんだが、ふだんはニコニコして会話を楽しむ。ケンさんの日本語には独特な言い回しがある。とくに「ほ〜んと〜」という相槌に、はじめのうちは面白くて何度かくすっと笑いをもらしてしまった。ケンさんは、

「何がおかしいですか？」

と、真面目な顔をして聞く。『男はつらいよ』の映画を見て日本語を覚えているとのことで、「日本ではそう言いませんか？」と、不思議そうに聞く。私と話すようになってからケンさんは熱心に寅さんの映画を見るようで、寅さん風の言い回しがますます増えていった。日本語で会話すること自体を楽しんでいるようだった。

あるとき、ぜひ母親に会ってやってほしいとケンさんが言った。母親は、高齢者用のアパートメントに1人で住んでいるという。アメリカ生まれの二世の母親にも日本人と話をさせたいので

はないかと私は勝手に思い、快諾した。それに、母親が1人で住むという点、アメリカ文化を感じた。同じ日本人の顔立ちをして日本語を話しても、日本生まれの日本人とは違う文化の中で自我を形成してきただろう日系の女性に、会ってみたいとも思った。

また、高齢者用アパートメントにも興味があった。日本の雑誌に、ロサンゼルスの養護老人ホームの取材記事を送ったことがある。私がアメリカに住み始めた1986年当時、日本には身体的に弱った高齢者のためのホームは少なく、女性たちはその必要性と拡充を訴えていた。日本では高齢者の世話をするのは女性、なかでも息子の連れ合いたちの役割であった。老人ホームは姥捨てだというような偏見すらあったのではないだろうか。

ケンさんの母親は、明るい色の、大柄模様のワンピースを着て「ようこそ」と出迎えてくれた。1ベッドルーム、1リビングルーム、小さなキッチン付きである。しかし日本の部屋よりもずっと広く、クイーンサイズのベッド(シングルベッド1つ半分の大きさ)とドレッサーを置いてもまわりをゆったり歩ける。リビングルームには、ダイニングテーブルとソファがある。自分のペースでゆったりと暮らせることが見て取れた。メキシコ人の若い女性が、掃除していた。

ケンさんの母親は湯を沸かし、お茶をふるまってくれた。彼女はまだ60代後半から70代前半ではなかっただろうか。きびきびと動き、闊達にしゃべる。日系二世の女性はもっと日本的だろうと想像していたが、持って回った言い方も謙遜もなく、さっぱりしていた。話していて、すがすがしく小気味よい。

高齢になり1人暮らしであっても、このようなアパートメントに入り、自分のペースで暮らせることは羨ましい。日本でも1963年に制度として導入された「軽費老人ホーム」は低所得者向けの施設だったが、1989年に「ケアハウス」が食事や日常生活の見守りなどのある住居として制度に盛り込まれた。その後、各地にケアハウスは設立されてきたが、広さやゆとりはアメリカの方が勝っているのではないだろうか。

有色人種への差別

私の帰国後、ケンさんから日本を旅行したいという手紙が届いた。日本の暮らしは映画などで知っているようだからあまり目新しくはないだろうが、我が家に泊まってもらうことにした。実際の家族の暮らしが日本の理解に結びつくことを期待した。夕食を取りながら日本のこと、アメリカのことなどさまざまな話が出た中で、ふとケンさんが漏らした言葉に、私も夫も考え込んでしまった。

「白人と話すときは、緊張するんです」

ケンさんは三世だ。それでも白人の中にいると緊張する、ということがカルチャーショックだった。アメリカ生まれ、アメリカ育ち、アメリカで教育を受け、言語は英語が主で、公立の中学校で教師をしている人でも、アメリカ社会で人種の壁を感じている。現代のアメリカ社会の厳しさを、改めて突きつけられた。

アメリカに住み始めたときに私は英会話の学校に通い、先生が公民権運動についての新聞記事を教材として使ったので、差別の問題と公民権運動までの流れをアメリカ史の一つとして学んだ。私にとって、それは外国の歴史だった。その後、2000年代の初め、私は旅の途中でアラバマ州の公民権運動が起こったセーラムという町に立ち寄った。町のビジター・センターで、係員のアフリカン・アメリカンの女性が町の説明をしてくれた。彼女は有色人種への差別の話になると熱がこもってきて、少しずつ私に近づき、私の腕に片手を置きながら向かいの店を指さしてこう言った。

「見て、あの店。最近まであの店は私たち有色人種に差別をしていたのよ。建物の中の水飲み場に、白人用と有色人種用があったの」

係員の女性は、私が有色人種だから、同じ差別を受ける側だから、という親近感を持っていたのではないだろうか。彼女の手は優しくあたたかく、しかし私も有色人種であり白人の中では差別される側にいるのだという事実を告げていた。

1960年代まで、有色人種はバスの座席も後ろだったし、白人と同じ学校に行けなかった。日本人移民たちも有色人種だから、同様に扱われていた。マーチン・ルーサー・キング牧師が行った「I have a dream」という演説は日本でも有名だ。世界中に差別のない、子どもたちがともに学べる世の中を夢見ている、そのような日がいつか来る、というものである。この「夢」という言葉はアメリカ社会の差別に言及し、その是正を要求している。アラバマ州にあるマーチン・ルーサー・キング牧師記念館にはその演説が流れており、一歩足を踏み入れ、さらに展示を見て歩く間も適度な音量のその演説が聞こえていた。演説の言葉は美しく文章には独特のリズムがあり、私は思わず足を止め、演説に聞き入ってしまった。

――私には夢がある。いつの日か、私の幼い4人の子どもたちが肌の色ではなく人格によって判断される国に住むということを……。

この演説は、1963年、公民権運動の団体が共同開催したワシントンでの行進のときに、奴隷解放の父であるリンカーンの記念像の前で行われたものだ。25万人が参加し、「ワシントン大行進」と呼ばれている。このときキング牧師は34歳であった。牧師は黒人をはじめ有色人種の人権を勝ち取る公民権運動の先頭に立って精力的に活動し、非暴力主義を貫こうとした。キング牧師のこの活動に、1964年、ノーベル平和賞が授与されたが、1968年、暗殺された。

日系人の墓を探す

友人の悦子さんから電話がかかってきた。「できれば父親の家族の墓を見つけだしてほしい」と言う。悦子さんの父親の丹原さんはアメリカ生まれの二世で、太平洋戦争前、ルーツである日本を見たいと来日した。親戚の人たちと会ったり旅行したりしていたとき、まもなく太平洋戦争が勃発し、アメリカに帰れなくなってしまった。「偶然」が人生を変えてしまう。探し出せる自信はないが、墓探しを引き受けた。

一口にロサンゼルスと言っても、日本で考えるよりずっと広い。周辺の市を含んでおり、東京を中心とした関東地方のようなものである。住み始めたころは車の運転も不慣れの上、安全な場所、危険な場所など、地域を知れば知るほど途方に暮れた。私が住んでいたのはロサンゼルス圏の南部である。丹原さんが住んでいたオックスナード市は、同じロサンゼルス圏でも西北部にあり、日本で言えば神奈川県から群馬県のような位置にあった。しかも、オックスナード市の人口は2010年の統計で約200万人である。そんな大きな町で、たった1人の家族の墓を探し出すのである。「乾草の山の中から針1本を探し出す」という言葉が浮かんだ。

まず、ケンさんに聞いてみた。当たり前のことだが、知らないという。しかしケンさんは、友人や知人たちに聞いてくれた。その1人が、オックスナード市に仏教会（仏教信徒の会）があるので聞くといいのでは、と教えてくれたという。

私はその仏教会に電話をした。住職は、悦子さんの父親の名前に心当たりはないが、教会の信徒にも尋ねてみようと、穏やかな声で話してくれた。1カ月ほどたっただろうか、住職から電話があり、丹原さんという人を覚えている人を見つけたと言う。あまりにも難しくあきらめかけていたので、住職の言葉にひょっとしたら……と希望が湧いてきた。

私が住む町からオックスナード市の仏教会まで、フリーウェイで2時間はかかるだろう。たぶんそれほど危険な地域ではないだろうが、ロサンゼルス圏には危険な地域が点在している。迷い込むとごみやら酒瓶が転がっているなど、何となく街の様子が不穏な気配になる。私は地図を繰り返し眺め、道順を確かめ、頭に叩き込み、意を決して出発した。道中、風景を楽しむどころではなかったが、オックスナード市は日本でもよく知られているサンタモニカなど風光明媚な地域に近い、穏やかな街であった。ここで農業を営む日本人移民は多い。

仏教会の住職は私の電話を受け、信徒に話し、その信徒が知人に話して、丹原さんを知っているというある男性にたどり着いた。丹原さん一家はキリスト教徒であり、仏教会に属していなかったため、私への連絡が遅くなったという。たった1人の、仏教会に属さない人のために自分のこととしてこれほど時間をかけて探してくれた住職の努力にも、信徒たちの熱心な思いにも、恐縮した。宗教は違っても同胞として気遣う気持ちが、染み入った。

住職の隣に、60代ぐらいの男性が控えていた。その男性、クリタさん（仮名）は、丹原さんと家が近かったから子どものころはよく一緒に遊んだそうだ。丹原さんの両親が眠る墓地に案内してくれるとのことで、クリタさんを車に乗せ、クリタさんの思い出をぽつぽつ聞いているうち墓地に着いた。300坪ぐらいと思われるあまり広くない墓地には、高さ1mほどの白い木の十字架が2mぐらいの間隔で並んでいた。いくつかの墓には、花が供えられている。

「はっきりと覚えていませんが、丹原さんのご両親の墓はこのあたりだと思いますよ」

クリタさんが指すあたりの十字架を見て歩いたが、花どころか、墓碑銘すらなかった。無縁仏と言ってもいいような様子である。クリタさんが指した付近の墓の写真を何枚か撮った。名前のない十字架が並ぶ墓地は、日差しが暖かくても何となく寂しいような気がした。

帰国後、ご両親の墓と思われる何枚かの写真とクリタさんの住所を、悦子さんに手渡した。2、3カ月後、悦子さんからの便りに丹原さんとクリタさんが文通を始め、とても嬉しそうだということと、丹原さんはどれが両親の墓かわからなくても、渡した写真を何度も取り出しては眺めていたそうだ。子どものころ遊んだ友と連絡が取れて、交流まで始まったということが、私にはとても嬉しいことだった。

面白い人生だった

翌年、悦子さんから電話をもらった。丹原さんが末期がんで入院しており、ついては私に会いたいと言っているという。病室のドアを開けると、丹原さんがこちらを見上げた。つい今しがたまで新聞を読んでいたようだ。ベッドの上にあるのは英字新聞で、『Japan Times』だった。学校で英語で教育を受けてきたから、英語の方が慣れているし気持ちが楽なのだろう。環境を含めて青年期まで過ごした日々が、丹原さんの考え方や文化、アイデンティティを作ってきたこと、丹原さんの人生のすべてを表していた。

「父は太平洋戦争中、フィリピンへ行ったのよ」

と悦子さんが言った。

たまたま日本に遊びに来ている間に太平洋戦争が始まり、両親や友人がいるアメリカに帰れなくなってしまった。丹原さんは二世なので日本国籍とアメリカ国籍も持っていたため、国籍の選択を迫られて日本を選んだ。その結果、通訳として戦地のフィリピンへ行くことになった。

フィリピンでの戦闘状態、というより日本軍の敗走は、今日出海《こんひでみ》氏の著書『山中放浪』に詳細が語られている。昭和20年、徴用され報道班員として今氏はフィリピンに赴任した。しかし、東京で聞かされていた戦況とはまったくかけ離れていた。到着早々、戦火を逃れてルソン島内を転々とする羽目になった。今氏は子どものころから病弱だったので、自分の体調を案じ、自分たちの敗走の行方に不安を感じながら日本への帰国を願っている。

中で、「丹ちゃん」という若者が登場する。アメリカ生まれという「丹ちゃん」のモデルが丹原さんだそうだ。主人公と丹ちゃんはルソン島の北部を目指して日本軍とともに逃避行する。車が故障したりガソリンがなくなって動かせなくなると車を捨て、他の部隊と合流してトラックに乗せてもらう。すると人員オーバーとなり、仕方なく持ってきた荷物を捨て、大勢なので食べ物も次第に底をついていく。身を寄せた小さな村では息を潜めて夜を過ごすが、それでも弾丸が飛んでくる。その切羽詰まっていく様子が、今氏の気持ちを中心に描かれる。

そんなハラハラする戦場で、丹ちゃんは飄々として今を楽しもうと明るく前向きな言動を放つ。息詰まる逃避行の中で、丹ちゃんの言葉は読んでいてほっとする。今氏は患った熱帯性潰瘍が化膿し、丹ちゃんとも別れ、日本への飛行機を捕まえるため別部隊とともに北部にある飛行場へと向かう。運よく台湾へ飛び、さらに日本を目指す。

今氏と別れて以後の丹ちゃんの消息は、小説の中では分からない。しかしモデルになった丹原さんは無事日本に戻り、戦後も企業で通訳や翻訳を担当し勤めた。丹原さんは言う。

「戦場のフィリピンは、あの本の通りでしたよ」

私の伯父はフィリピンへ行き、戦死した。ある日東京の街を歩いたとき、靖国神社の前を通りがかった。伯母は立ち止まり、「入ってみよう」と誘った。伯母はこれまで靖国神社へ来たことがなかったのだそうだ。戦時中、若い男性たちが召集され、結婚させる男がいなくなってしまうと焦った両親（私の祖父母）は急いでお見合いをさせ、結婚させた。しかし1年もたたないうちに伯父は徴兵され、やがて伯母のもとに小さな箱が届いた。中には「戦死」という紙切れだけだったから、たとえ祀られていようと靖国神社へなんか行くものか、とかたく思ったそうである。従兄は父親の顔を知らない。伯父は、生まれた赤ん坊の写真をいつも胸ポケットに入れ、よくその我が子を見つめていたそうだ。伯父が送られたフィリピンの戦況がどのように過酷だったのか、『山中放浪』ではじめて知った。

病室での悦子さんとの3人の会話の中で、丹原さんはふとこう漏らした。

「面白い人生だったよ」

運命に翻弄された人生であったとしか私には思えないが、その言葉には悲しさや寂しさも恨みも後悔もなく、丹原さんは淡々と言う。丹原さんは生涯、両国の狭間に立つこと、つまりアメリカと日本との境界から物事や自己を捉えていたのではないだろうか。

それからまもなく、丹原さんが亡くなったという知らせが悦子さんから届いた。

日系社会の広場の役割、オックスナードの仏教会

教会の歴史を住職は少しばかり話したあと、分厚い『オックスナード仏教会五十年史』を手渡してくれた。信徒たちが一生懸命資料を集め、編纂した記念誌である。

仏教徒がオックスナード市に定住したのは、１９００年代であると墓碑に記されている。市は肥沃な土地にあり、入植者はサトウダイコンや豆類の農場で季節労働者として働いた。やがて街に出て商売をする人が出てきた。それぞれ結婚し、家庭を持ち、土地を手に入れ、暮らしが安定していった。渡米当初は出稼ぎのつもりで金をため、日本に帰国することが夢だったが、家庭ができてその夢はあきらめ、アメリカで生涯を送ろうと決心する。そして、子どもたちに日本のことを伝えたいと思うようになった。

市内に宗教的なグループがいくつかできたころ、サンフランシスコに浄土真宗の本部ができて30年になり、ロサンゼルス市には浄土真宗本願寺派別院があった。オックスナードの日系人たちは別院から僧侶を招いて法話会を開いた。その会を楽しみに集まっていた人々は、手作りの食べ物を持ち寄るようになりそれが社交の場へと発展し、やがて青年部、婦人部が創設された。日本

『オックスナード仏教会50年史』

の伝統や文化を伝えたいと熱心に話し合っていたから、華道や柔道に加え、空手、バスケットボールなどのグループもできた。また、１９６６年に始まったバザーが地域への日本文化紹介の場となり、今も続いているようである。

１９２７年には日本語学校を開校し、１９２９年にオックスナード市に仏教会堂の建設が始まり、１９３０年に落成し、アメリカで31番目の寺となった。建設の間も婦人会や青年会を作り、行事としてスポーツ大会や花祭り、お盆などを行っており、当時の仏教会は宗教よりも文化を確かめる場、人が集うコミュニティ・センターの役割が大きかった。

太平洋戦争が始まると、一世の指導者たちも強制収容所へ入らなければならなくなった。教会の財産整理として、会教使（仏教会に属す僧）の家はアメリカ人に貸し、建物を収容所に入る会員の家財保管所として利用した。教会の建物は教会員が所有し、教会の運営方法はキリスト教会の方式を取り入れていた。会教使宅の借家代が仏教会の不動産税の支払いに充てられ、建物を手放さずにすんだ。

１９４５年、戦争終結により強制収容所から解放された人々は仏教会に身を寄せ、貸していた自宅の返還を求めたり新たな家を探したりした。10年もの歳月、仏教会に寄宿した身寄りのない人もいた。排日の感情が少し収まるまで、そして会員が経済的に自立できるようになるまで、教会は宿泊所と会員の家財道具の倉庫となっていた。

戦時中、仏教会の人々は、日本が空襲などを受けて物資が圧倒的に足りず生活に困窮していることを知り、日本の親戚や日本人を少しでも助けようと、手元にあるものをまとめて「慰問袋」を作り、日本へ送った。５５０袋の「慰問袋」は、たいへん喜ばれた。

日系人が始めた日本への救援、ララ物資

移民した日本人、アメリカ生まれの日系人の二世たちは、強制収容所を出て自分たちの生活を立て直すために苦労をしている中で、焼け野原になった日本への救援に立ち上がった。

岩手大学教授であった長江《ながえ》好道《よしみち》氏は著書の『日系人の夜明け』に、「アジア救済連盟（Licensed Agency for Relief in Asia）」の救済運動の提唱と救援を実現したのは、アメリカ在住の日本人であると書いている。その日本人の中で、一世の浅野七之助というジャーナリストが、強制収容所を出ると1945年9月ごろから「日本戦災難民救済会」を組織した。日本戦災難民救済運動を起こし、募金で物資をそろえて日本の戦災難民に送ろうとしたが、送れなかった。アメリカの戦災難民救援運動はヨーロッパが対象で、日本や朝鮮は対象外だったからである。そして、アメリカとの戦争を始めた日本への反感は強かった。浅野は宗教団体を通じて救済統制委員会に日本難民救済会を公認団体にするよう要請し、１９４６年半ばに団体として認可された。長江氏は、１９４６年当時はまだ排日感情が強く、多くの日系人は自分たちの権益を守るための運動で精一杯で敗戦後の日本の状況を思いやる余裕のない中で、祖国を思う浅野のリーダーシップと、戦災

難民として難民救済会を認めたアメリカ的ヒューマニズムが基盤としてあったからこの運動は可能になったのかもしれないと書く。

アジア救済連盟は、頭文字をとって「ララ」（LARA）といわれ、日本への救援物資は「ララ物資」と呼ばれた。募金はアメリカだけでなく、メキシコや南米にも広く呼びかけられた。ララに集められたものは寄付金をはじめ、粉ミルク、古着、ビタミン剤などさまざまだったが、食料品が全体の75％を占めていたといわれる。日本人の6人に1人は、このララ物資の恩恵に浴したと、長江氏は書いている。赤ん坊だった私は始終泣いていたため、母は保健所に食い下がり粉ミルクを手に入れたそうだ。ララ物資は1952年まで続いたので、私が飲んだ粉ミルクは、ララ物資であったかもしれない。

救援物資は南米からも寄せられた。ブラジルでは戦後、日本は本当は勝ったのだと主張する「勝ち組（戦勝派）」と負けた事実を受け入れた「負け組（認識派）」が争ったが、1947年3月に認識派が日本戦災同胞救援会を結成して、義捐金による救援物資をララを通じて日本へ送る運動を開始した。この運動には、戦勝派のなかからも賛同者が得られ、対立の緩和に役立った。ボリビアの日本人たちが送った物資も、ララ物資全体の20％になった。

戦後の生活を立て直す

オレゴン州議会は1945年3月末、外国人土地所有法を制定し、農場経営、農耕目的のために不動産を所有すること、農耕器具を使用すること、譲渡することなどを禁じた。日本人移民が農場経営の競争相手となることを快く思わない人々やアメリカ在郷軍人会などが、日本人への反対キャンペーンを繰り広げたからである。仲の良かった近隣の人に連絡をしたところ、周囲の感情が良くないからまだ帰らない方がよいという手紙をもらったという人、収容所が閉鎖になるものの帰ってからの苦労を思うと慣れてきた収容所にいたいと思った人、帰ったところ施錠しておいたのに鍵が壊され、めぼしいものは盗まれていたという人が多くいた。

他方では、このような周囲の反目を考え、日本人歓迎委員会を設けてメンバーが駅などに迎えに出ようとするアメリカ人もいた。留守の間の果樹園の管理を近隣に任せたが、立派に手入れされていたという人もいる。

ガーデナ仏教会の「はっぴ」と餅つき用の杵と臼（所蔵：JICA 海外移住資料館）

収容所を出るにあたって交通費補助と財政援助として1人当たり25ドルが用意されたが、1945年1月に収容所を出た一世は6人に1人だった。オレゴン州に戻った人は戦前の約70％、カリフォルニア州では約52％であった。また、1942年に強制退去を命じられた日本人移民11万2000人の中で、4万5000人以上が1946年までにアメリカの他の地に移り、1946年の1月から初夏までの間に8000人以上が日本に戻った。

ロサンゼルスで日本人移民が多く暮らしていたリトル・トウキョウではレストランが30店以上再開されたが、住民が変わり、農地の4分の3が工業用地や宅地になって、かつての日本人移民の町ではなくなっていた。戦前、5人の

オレゴン州の野菜をテーマにした「山車」（所蔵：JICA 海外移住資料館）

うちの4人は日本人労働者として農地などで日本人に雇われていたが、戦後は70％が白人に雇われるようになった。その中の仕事の1つが庭師である。日本人の庭園づくりや造園の技術が白人に評判になり、生計を立てることができたので、大学出の二世も庭師になるほどだった。庭師たちは1955年、南カリフォルニア造園業者同盟を組織した。

全米日系博物館の森茂岳雄・中山京子両氏は、大戦終結後の西海岸の日系人について、強制立ち退きは経済的損害のみならず精神的な打撃も大きかったこと、そのうえ戦後長い間、ほとんどの二世は強制収容の経験を恥ずべきことと考え、沈黙し、また白人社会への同化に努力した。それは、日系人としてのアイデンティティや三世の子育て、日系人社会全体に大きな影響を及ぼしたという。

しかし日系人の大半にとってリトル・トウキョウは民族のシンボルであり、商業、社会、文化の中心であった。一方で、二世たちは訴訟を起こし、少しずつ尊厳を取り戻していった。1948年、合衆国連邦最高裁判所は二世（アメリカ市民権を持つ）の土地所有を認め、漁業権の不認可は生活権の侵害である、と判決を下した。そして同年、トルーマン大統領が「日系アメリカ人立ち退き賠償請求法」に署名、1961年に1人当たり平均1388ドル（1942年時の値で、損害額の8％に満たない）の賠償額が決定され、原告2万6552人に支払われた。二世たちは、文化団体の再興や市民活動など、コミュニティの再建に尽くした。

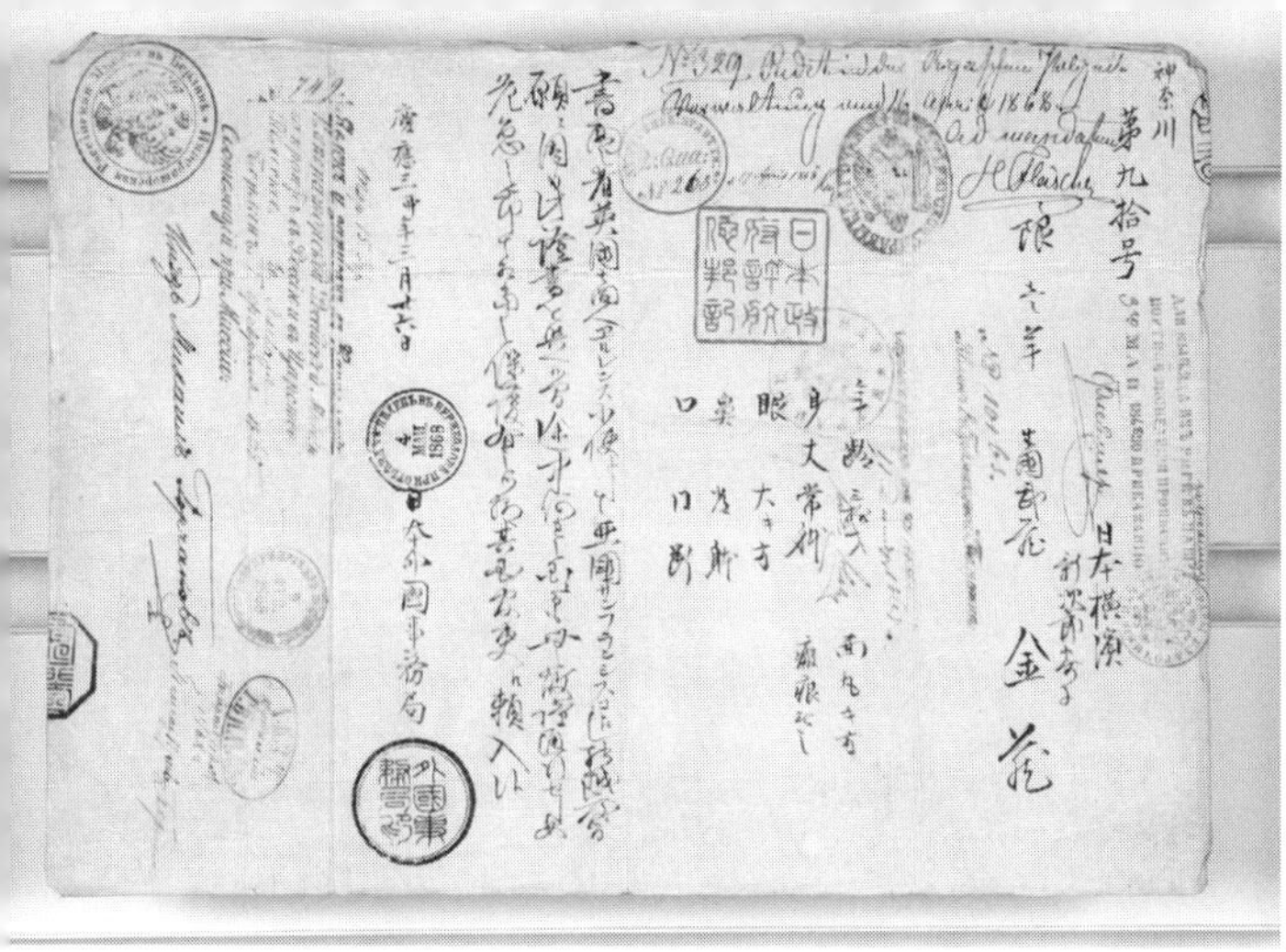

金蔵のパスポート（所蔵：外務省外交史料館）：日本の初期の旅券。慶応３年（1867 年）と記されている。この年 10 月に大政奉還がされた。

１９５２年のウォルター・マッカラン法により、１９２４年の排日移民法は修正され、一世がアメリカ市民権を取得できるようになった。１９５２年にはカリフォルニア州最高裁判所で排日土地法への違憲判決が出た。その後、ハワイ州では上院議員や州知事に選出される日系人が出て、日本人移民の地位が向上し、「模範的」マイノリティと呼ばれるようになった。

　戦後直後から開始された日本人移民の強制収容に対する謝罪と損害賠償を求める運動は、１９６０年代から１９７０年代にかけて他の少数民族が加わった公民権運動や黒人解放運動の影響を受けて１９７０年代後半から急速に進展した。先に挙げた森茂岳雄・中山京子両氏は、当初、多くの日系人は苦しかった過去を思い出したり、心の奥底に眠っている古傷に触れられたりすることにはあまり乗り気ではなかったし、国家賠償の勝ち取り方も、求めるものについても、考えは多様だったという。

　１９８１年、「戦時民間人転住・収容に関する委員会」が日系人の強制収容についての公聴会を開いた。その後10都市で公聴会は開かれ、「人種的偏見」「戦時の狂乱」「政治指導の過ち」に基づくものだったと連邦議会と大統領に報告した。１９８８年、アメリカ政府による謝罪文と１人当たり２万ドルの補償金が、１９９０年から強制収容された約８万人の人々に渡された。

　太平洋戦争中、収容所には南米の日系人も送られた。ボリビアは連合国側だったので、敵国である日本人移民とドイツ人移民はアメリカの収容所に移送されることになった。当初日本人40人、ドイツ人120人をアメリカに移送するよう要請が届いたが、日本人の指導的立場にあった多くが出国したため、ボリビア警察はその人数を満たすことができず、ボリビア政府は割り当て人数を減らして日本人28人、ドイツ人50人を移送した。移送された日本人は青年が主で、沖縄の人は含まれていなかった。移送当時、事業を営んでいた者は、その事業を親戚や友人に預けて事業経営を続けたことや、ボリビア国内の日本人移民全員が対象ではなかったので、大きな損害は被らなかったという。

◉ アメリカ合衆国の歴史

1492年　イタリア人クリストフォロ・コロンボが西インド諸島着、イタリアの探検家アメリゴ・ヴェスプッチが新たな大陸と主張、ドイツの地図製作者M・ヴァルトゼーミュラーがアメリカ大陸と命名
1775年　アメリカ独立戦争（イギリスから）
1776年　独立宣言。フランスと同盟を締結（イギリスの優位性を崩すため）
1783年　パリ条約締結。「アメリカ合衆国」として正式に独立（建国）
1787年　憲法制定
1789年　初代大統領に大陸軍司令官ジョージ・ワシントンが就任
1812年　米英戦争（1803年フランス領ルイジアナ買収をイギリスが阻んだため）
1830年　インディアン移住法。インディアンを強制的に西部に移住させる
1861～1865年　南北戦争。奴隷制廃止に異を唱える南部連合と北部の合衆国との戦争
1862年　エイブラハム・リンカーン大統領、奴隷解放宣言
1900年　義和団事件に8カ国連合軍として清に派兵
1913年　「土地法」制定
1914年　第1次世界大戦勃発。当初中立を守る
1917年　連合国側として第1次世界大戦に参戦
1918年　シベリア出兵を実施。共産主義の拡大を防ぐため
1918年　第1次世界大戦終結
1919年　パリ講和会議。ウィルソン大統領の主導で国際連盟設立。人種差別撤廃案を阻止。国際連盟への加盟はせず（モンロー主義）
1929年　「暗黒の木曜日」。ウォール街・ニューヨーク証券取引所で株大暴落、世界恐慌へ
1933年　アメリカ軍、ニカラグアから撤退。外交政策を善隣外交へ移行。
1934年　合衆国連邦議会、フィリピン独立法制定。10年後の独立を認めた
1939年　ヨーロッパで第2次世界大戦勃発。当初、中立政策維持。日本のアジア進出に対してABCD包囲網を形成
1941年　12月　日本軍による真珠湾攻撃。連合国側の一員として参戦
1945年　5月　ドイツが連合国に無条件降伏
1945年　8月　原子爆弾を日本の広島と長崎に投下。15日に日本、降伏。大戦終結。
1946年　マーシャル諸島で大規模な原水爆実験開始。ソ連と冷戦。赤狩り旋風
1950～1953年　朝鮮戦争勃発。1948年に分断された北の朝鮮民主主義人民共和国（北朝鮮）と南の大韓民国（韓国）との戦争。アメリカ軍を主力とする国連軍が韓国に派兵される。1953年、休戦協定。北緯38度線を軍事境界

線とした
1962年　キューバ危機。ソ連とアメリカがキューバに配置した核をめぐって核戦争勃発の危機と世界中が危惧。キューバは革命により社会主義国家となっていた
1965年　ベトナム戦争。南ベトナムの共産化阻止のため、軍事支援。73年撤退
1975年　ベトナム戦争終結。北ベトナムが統一する。ベトナム戦争はラオスとカンボジアにも拡大し、第2次インドシナ戦争と呼ばれる。第1次インドシナ戦争は1946～1954年で、フランスとベトナム独立同盟が戦った
1983年　西インド諸島のグレナダに侵攻。グレナダは1974年にイギリスから独立。レーガン政権が軍事介入、親米政権樹立
1989年　ベルリンの壁崩壊。ソ連のミハイル・ゴルバチョフ首相とマルタ会談。「冷戦の終結」宣言
1994年　アメリカ、メキシコ、カナダ3カ国、「北米自由貿易協定（NAFTA）」を締結。EUに匹敵する経済圏が誕生
2001年　9月11日　同時多発テロ事件。イスラム過激派アルカイダによる。ブッシュ大統領、アフガニスタン侵攻。紛争が勃発。2021年撤退
2003年　イラク戦争。2008年オバマ大統領、イラクの米軍部隊完全撤退
2008年　世界金融危機。リーマン・ブラザーズの破綻が発端
2015年　国交を断絶していたキューバと国交回復。キューバ革命以来54年ぶり
2016年　大統領選挙でトランプが当選。環太平洋パートナーシップ協定から撤退表明、駐イスラエル米国大使館をエルサレムに移転、イスラエルの首都としてエルサレム承認、シリアへの空爆、不法移民規制、気候変動抑制に関する多国間協定（通称：パリ協定）から離脱宣言、イラン核合意からの離脱、国連人権理事会から離脱など、次々に独自の政策を打ち出した。朝鮮民主主義人民共和国の最高指導者、金正恩朝鮮労働党委員長と史上初の米朝首脳会談を開催
2020年　大統領選挙でバイデンが当選。新型コロナウィルス感染症によるパンデミック。国内感染者数、約108万人
2021年　アフガニスタンからアメリカ軍撤退完了
2022年　ロシアがウクライナに侵攻し、ロシア＝ウクライナ間に戦争勃発。バイデン大統領、ウクライナに武器支援
2024年　大統領選挙でトランプが再選

2章 日伯修好通商航海条約100周年記念訪問

——ブラジル連邦共和国で

ブラジル連邦共和国（出典：日本国外務省、在ブラジル日本国大使館、独立行政法人日本貿易振興機構アジア経済研究所、「ブラジルを知るための55章」アンジェロ・イシ著明石書店、東京都立中央図書館、世界史の窓、Wikipedia他）

面積：851万2,000㎢（日本の22.5倍）
人口：約2億1,531万人（2022年、世界銀行）
首都：ブラジリア　人口3,09万4,325人（2021年ブラジル国勢調査/Wikipedia）
大都市：サンパウロ人口1,239万6,372人　リオ・デ・ジャネイロ人口677万5,561人
民族：ヨーロッパ系（約48％）、アフリカ系（約8％）、東洋系（約1.1％）、混血（約43％）、先住民（約0.4％）（ブラジル地理統計院、2010年）
言語：ポルトガル語
宗教：カトリック約65％、プロテスタント約22％、無宗教8％（ブラジル地理統計院、2010年）
政治形態：連邦共和制、大統領制、議会は上院・下院の2院制
主要産業：製造業、鉱業（鉄鉱石他）、農牧業（砂糖、オレンジ、コーヒー、大豆他）
GDP（名目）：1兆9,200億米ドル（2022年、世界銀行）
1人当たりGDP（名目）：8,917米ドル（2022年、世界銀行）
貿易品目（2022年ブラジル）
輸出　大豆（13.9％）、原油（12.7％）、鉄鉱石（8.7％）、石油製品（3.9％）
輸入　石油製品（8.6%）、原油（3.6％）、カリ肥料（3.3％）、複合肥料（2.8％）
在ブラジル日本人数：4万7,472人（2022年10月現在）（外務省在留邦人数調査統計）
（日系人総数推定約190万人）
在日ブラジル人数：20万7,456人（2022年6月法務省在留外国人統計）

概要

国名は、この地に多く生えていた赤の染料がとれる木、ブラジルウッドに由来する。

国旗は、中央の紋章、天体は無血革命で共和制になった日と時間のリオデジャネイロ市の夜空。南十字星が首都ブラジリアで、27の星は州の数。天球儀を横切る帯は「秩序と進歩」という標語。緑に黄色の菱形は帝政時代の国旗からで、緑は森林資源、黄は鉱物資源を表す。

日本との関係

ブラジル人は親日的で、日系人は「勤勉」「正直」「信頼」という評判がある。日系人は、政治家、裁判官、弁護士、外交官、医師、学者、ジャーナリスト、芸術家、スポーツ選手、モデル、歌手、タレントと多くの分野で活躍している。

経済では、インフラ整備など国家的プロジェクトが行われてきた。農業分野では「日伯セラード農業開発プログラム」において、資金協力、技術協力によりセラード（Cerrado。ブラジル中西部。“不毛の地”と呼ばれた）を世界的穀倉地帯にしたことで、ブラジルの穀物生産が増大した。近年、環境・防災の分野の協力やブラジル政府による「国境なき科学（Science without Borders）」計画に協力、ブラジル留学生を日本の大学や研究機関等で受け入れている。また、アマゾン地域の森林保全や廃棄物管理など、環境問題に関する協力も行っている。文化や教育、スポーツ分野での交流も盛んである。

日本がブラジルから輸入している品目は、鉄鉱石、鶏肉、トウモロコシ、コーヒー、アルミニウム、鉄合金、航空機、大豆の順で多い。

群馬県大泉町や静岡県浜松市には日系人を含むブラジル系の人々が住んでおり、「ブラジルタウン」と呼ばれている。また、浅草をはじめ各地でサンバカーニバルが開催されている。

日系人たちの想い

「おかえりなさい！」「いらっしゃい！」

夜10時過ぎ、ホストファミリーの伊東さん宅に入ると、明るい声、元気な声が一斉にはじけた。私は少々慌ててしまった。ブラジル在住の日系神奈川県人たちの、盛大な出迎えであった。

夜遅い時間だというのに食べ物や飲み物が並び、宴会が始まった。食事は済ませていたものの、箸をつけなければ申し訳ないような気がするし、かといってそう食べられるわけでもない。目の前のご馳走は日本食が多く、それもおいしそうで、つい手を伸ばしたくなる。

初日は自己紹介から始まったが、それだけでも1時間や2時間はあっという間に過ぎていく。自己紹介の話は面白く、茶々を入れる人もあって話はどんどん拡がっていく。笑い声が絶えない。夜は更けていく。私は翌日の集合が1時間かかる広場であることと、朝5時であることを想い、気が気ではなかった。

1995年8月、ブラジルのサンパウロに到着した私たち「ブラジル日系社会訪問団」の団員約100人は、日系の県人会の人たちの家でホームステイをしながら、日中は日系企業への表敬訪問や日系社会・ブラジル経済についてのセミナー、日系人の農場などの視察が連日組まれ、分刻みのようなスケジュールである。

伊東さんの家は、解散・集合の広場から小1時間かかる。夜も遅いというのに大勢集まり、嬉しそうな笑顔や頭から降り注がれる「盛大な歓迎」に、「日伯修好通商航海条約100周年記念」に伴うブラジルと日本との交流事業が日系人たちにとって大きな節目であり、「移住」するということがそれぞれの人生にどれだけ大きな出来事であったのか、どれほどの感慨や想いがこもっているのかを突きつけられた。

連日の歓迎会でお互いにだんだん打ち解けてくると、県人会の人々から日本に対する思いがポロポロこぼれるようになってきた。日本の政治のことに始まり、日本の政治や社会のありように対する日本国民の反応に対する批評、日本とブラジルを含む国際政治についてなど、話は拡がる一方である。そこでもたらされる言葉の端々に、故国は良い国であってほしい、誇れる国であってほしいという、故郷を遠く離れているからこそ思う強い期待や願いがある。また、日本を離れているから見えるダイナミックな世界の動きと、その動きに対する日本の対応の曖昧さ、もどかしさ、焦燥感などがあった。

私ともう1人の県民代表の相棒は、本腰を入れて話を聞くことにした。ノートを持ち出し、相棒は彼女の活動の中心である女性の地位や貧困層の女性の問題、ブラジルの制度などについて聞いている。しかしブラジルの貧富の格差は大きく、日系人たちが説明してくれてもブラジルの現状を的確に把握することが難しい。ブラジル訪問時、私は在日ブラジル人が開設した南米の人々のための相談所で、書類整理などのボランティアをしていた。相談所のスタッフたちからブラジルの人々の生活や経済状況について聞いたが、ボランティアとして日が浅く、ブラジルの人々の生活を十分理解していたとは言えない。

歓迎会で集まってくれた人々は、中産階級以上のようである。1960年代から1970年代にかけて移住した人が多く、それぞれに移住した理由があった。アルゼンチンタンゴが好きでなんとしてもアルゼンチンに渡りたいと思い、とりあえずブラジル行きの船に乗ったがとうとう国境を越えられなかったと笑う人がいる。みんなニコニコと話を聞く。今は、どの人も移住動機を懐かしい話、遠い昔の笑い話として語る。

伊東さんの家に入ると、玄関脇の本棚の横に昭和天皇と皇后の写真が飾られていた。移住の歴史の資料にはブラジルの日系人の家庭に明治天皇・皇后の写真が飾られている1枚があったが、それは戦前に移住した人たちの家庭の風景であった。日本で天皇は「日本国民統合の象徴」と習い、写真を飾っている家庭を見たことがなかった1995年の訪問時に、昭和天皇・皇后の写真が掛けてあるとは夢にも思わなかった。おそらく、伊東家にとっては精神的な支えの一つだったのだろうと、勝手に推測した。伊東さんのお連れ合いは、ドラマに出てくる昔の家の女性のように私たちの身の回りの世話をし、先回りして気を遣ってくれた。お連れ合いが私に靴下をはかせようとかがんだとき、私は身が縮まりさすがに断った。

伊東さん家族のありようは、日本人コミュニティの伝統として日本の価値観を受け継いできたのだろう。移民たちは、あてがわれたアマゾンのジャングルを切り拓いて耕作地を作っていった。家族は助け合って暮らし、言葉が分からないためブラジルの社会の動きやブラジルの価値観とは無縁に暮らし、移民した当時の価値観が日本人コミュニティの中に残っていったのだろう。JICA横浜内にある海外移住資料館に展示されている当時の写真や、農機具などにより、当時の生活を推し量ることができる。もう1人のホストファミリーである高世さんがサンパウロの日本人移民記念館を案内してくれたとき、展示されていた、実際より小さいが簡単な板張り、ヤシの葉を葺いた屋根の家を指さし、「こういう家に住んだんですよ」と感慨深そうに言った。

みな同じように苦労しても、切り拓いた場所や植えた作物の出来不出来があり、あるいは畑を捨て、街に出て雇われて働いた人、ときには別の国に行った人、日本に戻った人もいる。

ホームステイの前に、日系人が多く住む地域のホテルでブラジル料理の歓迎会を受けた。料理の中にフェジョアーダという豆の煮込みがあった。小豆を少し長くしたような黒インゲン豆をニンニク、玉ねぎと豚肉の鼻、耳、しっぽなどあまり食べない部位を入れて煮込み、ご飯にかけて食べる国民食である。ブラジルがポルトガル領のころの奴隷の食べ物だったとのことで、肉の良い部位は主人が食べる。豚の尻尾は1頭にひとつしかないから尻尾がいくつ入っているかで奴隷は主人が金持ちかどうかを自慢したということだ。ブラジルに移民した日本人にとってジャングルを切り拓く作業は重労働だから、腹持ちが良いこの料理を食べたとも聞いた。

サンパウロにある日本人街「リベルダージ」を練り歩く日本の踊り
（高知新聞・富尾和方さん提供）

日本のカルチャーが突如現れる

ブラジルに上陸し、笑顔の人々（所蔵：JICA 海外移住資料館）

ブラジルの神奈川県人会「神奈川文化援護協会」は、１９６５年設立である。その30周年記念式典で、私は神奈川県知事の祝辞を県人会長に手渡す役目を仰せつかっていた。

記念式典が行われた神奈川県人会館は控えめな作りで、というより神奈川県という人口が多い県にしては質素な会館だった。これは、神奈川県からの移民が9、788人で全国第18位で移民の人数が多くないこと、つまりブラジルの県人会の会費収入とも関係しているのだろうか。

１９９５年に神奈川県人会会長であった高世さんから２０２２年にいただいた便りには、県人会の会員数は40人と少なくなっており、県人会を解散してブラジルの日系人協会に委ねたいとあった。ブラジルでも世代を重ねるにつれ、日系人というよりブラジル人意識を持つ若い日系人が増えて日本の県人会組織への帰属が薄れたことや、ブラジルの日系人社会は県人会よりも日系人としてまとまらなければならない時代ではないかと高世さんは言う。

１９９５年という年は、１８９５年に日伯修好通商航海条約が調印されてから１００周年の記念の年だった。「日本・ブラジル地域リーダー交流事業」には各県から2人が代表としてブラジルに派遣された。

約１００人の団員の内訳は、各都道府県の代表２人と財団法人自治体国際化協会関係の職員４人、関係団体の職員４人という仰々しい団体であった。選考方法は各自治体に任されたので、それぞれの選考方法により20歳代から49歳までの、さまざまな活動をしている人が

ジャングルの開拓＝ありあんさ移住地　斧や大きなのこぎりで大木を倒した（所蔵：JICA 海外移住資料館）

集まった。ブラジルに移民した人の家族会がこの機会にと若い親族を派遣した県、作文や面接などで公募した県、地域活動をしている人の中から推薦した県、中には自治体の職員が出た県もあった。

47都道府県のうち、２人とも女性の県は東京都と神奈川県、男女１人ずつが数県で、男性のみの県が多数だった。雇用機会均等法が１９８５年に成立し女性の社会参画などが謳われていたが、女性の参加が少ない。募集年齢が40代までの要件だから、子どもがまだ学齢期の40代の女性が家を空けることはなかなか難しいことと、「男女共同参画」は緒についたころで女性が社会活動のために家を空けることはなかなか難しかった。

8月末なのだがブラジルは冬。肌寒い日だった。舞台に立ち、祝いの言葉を述べ、神奈川県知事の祝辞を手渡したことまではかろうじて覚えているが、続く県人会長からのお礼の言葉を、寒さから早く逃れたいと念じていた私は何も覚えておらず、誠に申し訳ないことである。

続いて、カラオケ大会が始まった。私にはまさに文化ギャップで、カラオケに行ったこともなければ歌ったこともカラオケの歌を聞いたことすらない。それほど無縁だった日本の文化を、日本ではなく地球の反対側の国で、日本から昔移住した人たちが歌っている。飛行機でも乗り継ぎを入れて24時間以上かかる遠く離れた国に来て、風景も文化も違う、日本から遠くへ来たと思っていたら突然、日本が出現した。放り込まれた、という感覚だった。遠く離れた国にいる人々にとっては、カラオケで歌える、そして日本の情景や心を歌う歌謡曲こそ日本の象徴なのだ、と思わせる迫力と情熱が、歌う姿に表れていた。

自由時間が多い日、ホストファーザーの伊東さんが町を案内してくれた。少し歩くと、レンガを積んだだけの小さな家が並ぶ地域に出た。

「その道から向こうへ入っちゃだめだよ。ファベーラ（スラム）だから」

好奇心旺盛の相棒はなおも行こうとするので、伊東さんに強く止められた。そのあたりは治安が悪いので、何が起こるかわからないのだそうだ。自分たちで街を歩きたいという相棒を止め、伊東さんがついてきた理由がわかった。空港からサンパウロ市内への道路の両側には、やはりレンガを積んだだけの小さな箱のような家がびっしり立ち並んでいた。中には木を打ち付けただけの家もある。このようなスラム街を見たのは初めてのことだったから、なんだか胸が詰まってきた。大きな貧困が目の前に拡がっている。中産階級の住宅街では家の塀はよじ登れないほど高く、しかも塀の上には有刺鉄線が張られていたり割れた瓶のかけらが埋められたりしている。中産階級の家の塀の上で光る瓶の先端は、治安の悪さをまざまざと感じさせる。

サンパウロ市内に入ると、背の高いビルが並んでいた。近代的な都市で、人口は2020年現在約1,200万人を超えていて東京と同じだが、近郊を含む大サンパウロ都市圏の人口は約2,200万人にものぼる。南回帰線上に位置しているが、標高760ｍの高地にあるせいか暮らしやすい気候である。それでも、市内は治安が悪いとのことで、県人会の人がずっと私たちに付き添ってくれた。

コーヒー労働者から成功へ

ブラジルへの移民は、１９０８年に７８１人が神戸港から「笠戸丸」で出港して始まった。アメリカではハワイ移民に引き続きアメリカ本土への移民が多くなっていたが、アメリカでの日本人移民に対する排斥運動が強まり、１９２４年には「排日移民法」と呼ばれる法律ができて日本人移民が全面的に禁止された。このため、さらにブラジルへの移民は増え、１９２５年から太平洋戦争前の１９４１年までの総数は、約12万人にのぼった。ブラジルはコーヒー栽培が盛んで、日本人移民の多くがコーヒー農園で働いたという。

コーヒー農園（所蔵：JICA 海外移住資料館）

サンパウロ市でのホームステイ先である高世さん宅は、市内の閑静な住宅街にあった。機械輸入の会社の社長とのことだが、私より少し年上の高世さんがブラジルに移民したのは１９６０年代で、日本で大学を卒業後とのことであった。当時、日本の景気は悪く、大学を卒業しても就職先がなかなか見つからなかった。加えて学生時代に父親を亡くし、家族の生活も高世さんの肩にかかっていた。悩んだ末、ブラジルにいる親戚を頼って単身、移民船に乗った。

親戚にすべてを頼ることはできないと思い、少し落ち着くと仕事を探した。まず就いたのは、コーヒー園での労働だった。来る日も来る日も、力を込めてコーヒー豆を入れた、一抱えはある大きなザルを頭

棉の農園（所蔵：JICA 海外移住資料館）

上に高く振り上げ、豆の殻などを風に飛ばす。それを1日中繰り返す。私たちブラジル訪問団員も、日系人経営の大きなコーヒー農場でザルを振り上げ、豆殻を飛ばす体験をした。腕の力が弱いと自認している私は、頭の高さにすら持ち上げられなかった。若い男性でもこの仕事は過酷だ。また、コーヒー豆を水に浮かせると実が十分育っていない豆や不良の軽い豆は水に浮くから、それらを取り除く作業も見学した。これも目を凝らし、コーヒー豆に集中しては繰り返す、気が遠くなるような作業である。高世さんはその仕事もした。

「毎日その仕事で、これでは将来が見通せない。これじゃいけない、と思ったんですよ」

高世さんはそれからほかの仕事を見つけ、こつこつ努力して今の地位を築いた。2人の息子さんはアメリカの大学へ行き、趣味のサーフィンでチリへ行く。他の国へ行く留学はよくあることだが、遊ぶことでも簡単に国を移動していく感覚が不思議に思えたが、日本の中にじっとうずくまっている日本人のほうが世界では珍しいのかもしれない。言葉の問題や習慣の違いが、1990年代の日本人には壁として大きかったのだろう。また、安定志向が日本人の特性の一つだと思うが、それは好奇心や冒険心が少ないとも言えるのではないだろうか。

ある日、高世さんと南米の日系人について話していたときのこと、高世さんはこう言った。

「私はフジモリ大統領を尊敬していますよ」

こしょうの実の選別機械（所蔵：JICA 海外移住資料館）

ペルーの大統領としてフジモリ氏が当選した後のことで、日本でも日系人が大統領になったと大きく報道された。快挙である、と。

日本政府によるペルーへの移民は、1899年（明治32年）に790人が日本を出発し、1900年にペルーに到着したことに始まる。1897年にハワイで1,000人以上の日本人移民が上陸を拒否されたため、日本政府はこれに抗議し、翌1898年にペルー大統領が日本人契約労働者入国許可をしたことにより、日本人はペルーへと向かったのである。ただし、ペルーでは「契約労働者」であり、契約といっても実際の労働はひどく過酷で、亡くなる人や逃亡した人が多かったという。太平洋戦争中も、ペルーの日本人は強制立ち退きをさせられ、指導者とみなされた人たちはアメリカの強制収容所へ送られた。

そんなペルー移民の中から選挙により大統領が誕生したのである。しかし、ペルーは政治的な対立が激しく、またテロが頻発しており、まったく安全とは言えなかった。

私たちがブラジルを訪問した年の翌1996年12月17日、首都リマにある在ペルー日本大使公邸で天皇誕生日祝賀パーティーが開催されていた。そこへMARTAというテロリストたちが襲撃。大使館は占拠され、600人以上といわれる多くの日本人が人質になった。この事件は日本でも大きく報道された。フジモリ大統領はすぐにも警官隊を突撃させようとしたが、日本側が人質の生命を優先にと要望したとのことで、4カ月もの長期間、テロリストと警察との間で膠着状態が続いた。日本では、連日大使館占拠事件の報道が過熱していた。私の夫の同僚も人質となり、職

携行品——日用品、薬類、『家庭の医学』もある（所蔵：JICA 海外移住資料館）

場の人たちが2週間交代で現地に飛び、人質の家族のケアや日本の会社との連絡などにあたった。皮肉にも、この大使館占拠事件のときがもっとも安全に街を歩けたというほど、自動小銃を持った警察官がリマに駐留していて、街の治安を維持していた。

１９９７年４月22日、綿密な計画とフジモリ大統領の指揮のもとに警察が大使館に突入し、人質を解放した。この事件の前にも、ペルーでは比較的安全と言われていた地域に環境問題の取材に訪れた女性記者がテロリストに殺されたという事件も、新聞に掲載されていた。テロリストは一掃されたが、それでもまだ日本のように安全とは言えない。

日本を知るために日本で働いてみた

ブラジルのサンパウロも治安が悪く、地下鉄に乗るときには心配だからと高世さんのお連れ合いが一緒に付き添ってくれた。高世さん一家は車での移動が多く、地下鉄にはめったに乗らないという。周りをきょろきょろ見まわすと旅行者だと一目でわかりスリに狙われやすいから、まっすぐ向いていることなど注意を受け、２駅ほど地下鉄で移動してみた。地下鉄は車両も駅構内もきれいに掃除されていたが、お連れ合いがいてくれたから無事だったのである。

そのお連れ合いは日系二世である。高世さんは、ブラジル社会を知るためには日系人と親しくならなければならないし、日系社会とは長い付き合いになるからと、知人に結婚相手を探してもらったのだという。そのお連れ合いはなかなかの冒険家のようである。

「日本を知りたいから、知るためには働くのがいいと思いました」

派遣会社を通じて探した仕事は、病院での付き添いだった。この当時、日本の病院では患者の身の回りの世話をしてくれる付き添いさんがいた。仕事を通じて、日本の病院のシステムやケアだけでなく、おそらくは訪れる家族の姿や患者、それに付き添いの人々に対する態度についても、いろいろなことを見聞きしただろうし、そこで思うことはたくさんあったことだろう。しかし、お連れ合いは病院での仕事についてはきゅっと口を結んで、ほとんど話さなかった。

病院の次は、ダム建設現場のまかないだった。

「みんな優しかったし、親切でした。おいしいみそ汁の作り方も教えてもらいました。楽しかった……」

懐かしむように、お連れ合いは言った。

彼女が日本で働いた時期は、日本ではバブル経済のころで人手不足であり、「労働力」としてまず日系人に門戸を開いたころだったと思われる。1990年に日本政府は入国管理法を改正し、日本人の子か孫である証明ができた人に長期滞在者としてビザを3年間認めた。

このころの南米は、ハイパー・インフレという、日本ではとうてい想像もできないインフレに襲われていた。ホームステイしたサンパウロ郊外の伊東さんは、その経験をこう話してくれた。

「毎日が恐ろしかったですよ。今日は昨日と物の値段が違うんですよ。昨日の倍になっている。ひどいときは、午前より午後が高くなっているんです。明日はいくらになるかわからない」

だから、給料が入るとすぐにいろいろなものを買いに行った。今すぐ必要なくても、とりあえず買っておく。

「買うときはね、札束ですよ。コーヒー豆を1パック買うのでも、何万という単位だから、こう、手に札束持ってね、お金数えるの。銀行になんぞ預けていたらお金はただの紙切れになったからね、預金は全部引き出した。泥棒や強盗も多かったですよ。店も襲撃されたりね」

ブラジルだけでなく、南米の多くの国はハイパー・インフレに見舞われていた。そして日本は空前のバブル景気である。日本への「出稼ぎ」希望者は多かった。入国管理局の統計では、1990年の外国人登録ブラジル人は約12万人で、13年後の2003年には約28万人と倍以上に増えている。

外国籍の子どもたちの教育問題

私のボランティア先である南米の人のための相談所に持ち込まれた内容は、ボランティア駆け出しの私にはカルチャー・ショックほどの、そして素人の相談所には手に余るようなものが多かった。先に書いたように、1990年代の日本はバブル景気に沸き、バブルがはじけて外国人労働者の問題が噴出してきた時期だった。賃金未払い、交通事故、それも在日アメリカ軍兵士と外国人労働者の車の事故という、日本の法律が届かないのではないかと呆然とする事例もあった。そして日本で働いている南米からの「出稼ぎ」の人たちの中には、国に帰れば弁護士やサラリーマンなど、ホワイトカラーの人たちが少なからずいて、慣れない国と労働条件の下での仕事からくるストレス、精神的な問題などもあった。怪しい斡旋業者に引っ掛かり、日本へ働きに来たらパスポートを取り上げられ、売春を強要された女性の相談にスタッフは入念に打ち合わせ、そっと抜け出した女性を保護し、帰国させた。

この相談所は、子どもたちの教育に関する問題にいち早く取り組んでいた。親とともに日本に来た子どもたちは、日本の学校に入学すると日本語を覚えて学校にも日本の環境にもなじんでいく。つまり、日本に同化していく。しかし、家での会話は両親の国の言語で、母語がポルトガル語のブラジル人を例にとると、子どもの日本語が上達するにつれポルトガル語が少なくなるケースがある。親は仕事で忙しく、子どもとの会話が十分に取れない場合である。十分会話をしていても、家庭で使う言葉は生活の言葉で、学習に必要な抽象的な語彙は母語であっても家庭で使われることは少ない。

他方、親は仕事で忙しいために日本語を学ぶ機会がほとんどなく、日本の学校に通う子どもの宿題を見るなど、家庭での学習の手助けができない場合がある。この場合でも、日本の教科書に出てくる抽象的な日本語の表現を親は理解できないから、宿題などを助けることができない。

学校で使う言葉を知らないため、授業についていけなくなった子どももいる。現在、外国籍の子どもが多い自治体では日本語教育を導入している。一つの学校に外国籍の子どもが多ければその学校内に日本語のクラスを作り、特別枠で教える。少ない場合は施設などを借りて日本語のクラスを設け、周辺のいくつかの学校から子どもたちが正規の授業を休んで日本語の授業を受ける「取り出し授業」が行われている。しかし、自治体に「出稼ぎ」の人は多くてもその子どもたちが少ない場合、子どもの日本語への施策のない自治体もあり、一部のボランティアが放課後に学習支援をしているのが実情だ。

　子どもが小学校高学年から中学生ぐらいになってから日本に来た場合、子どもの日本語が日本の学校の学習に十分ではない場合がある。日本の中学校は義務教育だから卒業できても、高校進学に必要な日本語を十分習得できないことがある。この場合、浪人して受験に備えることになる。しかし、年齢的に遊びたい盛りだからつい遊びに走ってしまう子どもが少なからずいる。将来の職業に結びつかず、非行に走る子どもたちを、親をはじめ相談所の人々は憂いていた。

　また中学校を卒業してから来日した場合、日本では義務教育が終わっているため中学校に編入することができない。授業の理解度が進まない子どもに留年を勧めることや、生まれ月が学年で遅いときに1年遅らせて入学することに抵抗のない国もあるが、日本では通常年度の区分けによって入学し、進級する。授業内容を十分理解しないまま中学を卒業したとき、高校進学は日本人の想像以上に困難である。カリキュラムが違う上、日本語が分からないからだ。調査結果では、日本人の高校進学率は98・8％だが、外国籍の子どもの高校進学率は約60％だという。

　努力が実を結び高校へ進学し、卒業にこぎつけても、その先の進路選択でまた困難が待ち受けている。「外国籍の子どもたち」にとって、日本人と違う働き方をしている人たちの人生や仕事が周りにとても少ないからだ。日本で生まれた子どもたちには、現在は職業体験の場などが少しずつ示されるようになってきているが、外国籍の子どもたちにとってはアイデンティティや文化の問題などを含めた手本となる先輩が少なすぎるのだ。その結果、進学にも職業にも自分の将来像を思い描けず、とりあえず非正規の仕事に就く人が多くなる。

　また、外国籍であっても日本で生まれれば日本人として生きていけるのではないか、と日本人は考えがちだが、中には見た目が日本人と違うというだけでいじめられる場合がある。日本人の中には肌の色への偏見が根強いことや外国の名前を見ただけで警戒心を起こすことがあり、反対に外国への憧れが嫉妬となって表れることがある。いじめを受けたり仲間外れになった子どもの中には学校がつまらなくなり、学校へ行かなくなる子どももいる。自分の容姿にコンプレックスを持つ子、日本人になりきろうとするのか両親の文化を否定したり、自分の存在に自信が持てなくなる子もいる。

一方では、ブラジルに帰国しても子どもは学校で適応できなくなることがある。子どもが日本の学校に進学するほど言語も文化も日本に同化していき、同時に母語も母国の文化も忘れていく。子どもは日本の学校と日本の文化で育っているが、帰国すれば自国の学校、文化に適応しなければならなくなり、まったく知らない文化に放り込まれることになる。子どもにとっての文化の違いは、大人の想像以上に大きい。

子どもの教育のために悩み、ブラジルへ帰りたくても帰れない人が少なからず見られた。このケースでは、子どもの母語教育に取り組む必要があると、相談所のメンバーや外国籍の子どもを受け入れている教師は訴えていた。

相談所では、子どもたちに自信を持たせるために、日本で勉強し、日本の大学に合格した南米出身の若い人たちにインタビューし、ビデオを作り、多くの外国籍の子どもたちに見せてメッセージを送っていた。この相談所は2000年に「ABC　JAPAN」という名称に変え、2006年にはNPO法人となり、横浜市鶴見区に本部を構えた。企業も巻き込んで子どもの教育の保障、子どもたちのキャリアの形成、定住外国人への自立支援、日本人との外国人がともに暮らすコミュニティづくりなどを中心に活動している。

神奈川県の在日外国人数（住民基本台帳2024年1月現在）は約26万163人で、県民の35人に1人が外国籍と、全国でも多い方の県である。国別でみる外国人登録者数は、1995年度は韓国・朝鮮、中国、ブラジル、フィリピン、ペルーで、2011年度には中国、韓国・朝鮮、フィリピン、ブラジル、ペルーとなっている。2012年に外国人登録法が廃止され、住民基本台帳への登録となったため単純に在住外国人数を比較できないとのことだが、大きな推移として見ると、2023年度は中国、ベトナム、韓国、フィリピン、ネパール、ブラジルの順になっている。神奈川県も早くから「多文化共生」の取り組んでいる自治体の一つで、この言葉は全国に認知されているが外国籍の人たちは今も問題を抱えている。

独立行政法人労働政策研究・研修機構の調査研究レポート「日系人の日本での就労問題―ブラジルからの視点―」（2003年11月）によると、ブラジルの日系人の出稼ぎ経験者は日系人130万人の約3分の1になる（サンパウロの国外就労者情報援護センター理事長の二宮正人氏）とのことだが、これだけ多くの人が日本で得た財産を有効に活用できずに、むしろ失敗している問題をレポートは指摘している。来日ブラジル人のうち、当初の目標を達成してブラジルに帰国する人は少ない。日本で貯めた資金をもとに事業を始めて失敗する人、仕事が見つからなかった人、就職先の賃金が日本より低かった人たちが、ふたたび日本へ出稼ぎに来るケースがかなりあるという。ブラジルと日本を行き来するのはもはや出稼ぎではなく、「循環移住」ではないかという位置づけを、元在東京ブラジル総領事マリア・E・F・レイス氏が指摘しているとのことだ。

また、子どもたちへの教育が大きな問題であるともいう。日本語の授業が理解できるようになり進学していくと親は母国に帰国できなくなり、日本への定住が進む。そして日本にさらに同化していく。ここに至ると、これらの人々はもはや出稼ぎではなく「移民」ではないかと言う。「日本の移民」問題については、著作が多数ある。最近は都市のコンビニエンスストアで働く外国人をよく見かけるようになった。私が住む小さな村のスーパーマーケットで頭にスカーフを巻いた人や自転車に乗っているアジア系の顔立ちの人を見かけるし、アジアの言葉が耳に飛び込んでくることがある。日本で働いている人たちを自分の町で生活する人として考えること、子どもたちの教育を日本語だけでなく成長に必要な教育として真剣に取り組むことが、差し迫った課題である。

◉ ブラジル連邦共和国の歴史

1500年　ポルトガル人カブラルがブラジル「発見」。以後1815年までポルトガル領植民地

1822年　独立宣言。ポルトガル支持軍が抵抗し、ブラジル独立戦争

1824年　ポルトガル軍が降伏。ポルトガルの皇太子を皇帝（ペドロ2世・14歳）としたブラジル帝国となった

1860年代　パラグアイ戦争で親英政策のもとに勝利。パラグアイの領土の一部がブラジルに割譲された

1889年　中央政府への反乱や共和制を求める自由主義者の反乱などが勃発。クーデターにより帝政崩壊（ペドロ2世退位）、共和制となった。

1960年　首都をリオ・デ・ジャネイロから内陸高地の計画都市ブラジリアに移転。理由は、リオ・デ・ジャネイロは旧宗主国のポルトガル文化が強いことや海岸線近くに首都を置くのは危険、内陸地域の開発など。遷都により財政が逼迫しインフレが加速

1964年　カステロ・ブランコ将軍のクーデターにより軍事政権樹立。高度経済成長を遂げたが1973年のオイルショック後、経済は失速。人権問題浮上。20世紀初頭から1980年代までアルゼンチンと対立。チリを巻き込んで軍拡競争を招いた

1980年代後半から1990年代前半　ハイパー・インフレ（一時は年間で約2500%）。

1985年　民政移管。インフレ拡大により経済状況悪化。アルゼンチンとの関係改善。冷戦終結後、アジア、アフリカ、中近東諸国などとも全方位外交を行う。ラテンアメリカ諸国のリーダーとして存在感を発揮。『南大西洋平和協力地帯』の加盟国となる

1988年　新憲法公布

1994年　通貨をクルゼイロ・レアルからレアルに（現通貨）

1995年　メルコスール（南米南部共同市場）が、アルゼンチン、ブラジル、ウルグアイ、パラグアイにより発足。市場中心主義、緊縮政策・新自由主義を推し進めた。汚職や腐敗が　深刻化

1995～2002年　ハイパー・インフレ収束、経済安定

2003年　ルーラ大統領。貧困の解決と経済成長の回復を掲げる

2007年　ルーラ大統領再選

2011年　ルセーフ大統領。ブラジル史上初の女性大統領。経済状況が悪化

2014年　FIFAワールドカップ開催

2015年　ルセーフ大統領再選。不正会計処理問題で弾劾の動きが活発化

2016年　テメル大統領。財政健全化、労働制度改革、政治改革・選挙制度の見直し。リオ・デ・ジャネイロでオリンピック開催。ルーラ元大統領の汚職疑惑。後継者であるルセーフ大統領の人気低下、大統領としての職務停止。政治的混乱が起こる

2019年　ボルソナーロ大統領。軍人出身で「偉大なブラジルの復活」を掲げる。年金制度改革、治安対策、民営化推進などを目標とする

2020年　新型コロナウィルス感染症流行。景気後退

2023年　ルーラ大統領。ボルソナーロとの決選投票、僅差で当選

3章 農地はアメリカ軍基地になった

——ボリビア多民族国で

ボリビア多民族国（出典：外務省 HP、東京都立中央図書館 HP、「ボリビアを知るための 68 章」眞鍋周三編著明石書店、Wikipedia）

面積：110 万㎢（日本の約 3 倍）
人口：1,222 万人（2022 年、世界銀行）
首都：スクレ（憲法上の首都。人口約 30 万人）第 1 の都市サンタ・クルス・デ・ラ・シエラ（人口 144 万 2,396 人＝ 2012 年）　ほかにエル・アルト（人口 84 万 6,880 人＝ 2012 年）ラ・パス（人口 79 万 9,600 人＝ 2012 年）
民族：先住民 41％、非先住民 59％。36 の多様な先住民がおり、先住民人口比率 85％で南米最多。非先住民はヨーロッパ人、アジア人、アフリカ人、それにメスティーソ（ヨーロッパ人またはヨーロッパ系の子孫と先住民との混血）。アフリカ系ボリビア人はスペインが植民地とした時代のアフリカの奴隷の子孫
言語：スペイン語のほかにケチュア語、アイマラ語を中心に、先住民言語が 36 言語。
宗教：国民の 95％以上がカトリック教徒
政治形態：立憲共和制。議会は 2 院制（上院 36 人、下院 130 人、任期 5 年）2024 年現在ルイス・アルベルト・アルセ・カタコラ大統領
主要産業：天然ガス、鉱業（亜鉛、銀、鉛、錫）、農業（大豆、砂糖、トウモロコシ）
GDP（名目）：431 億米ドル（2022 年、世界銀行）
1 人当たり GDP：3,523 米ドル（2022 年、世界銀行）
主要貿易品目（2021 年ボリビア貿易機構）：
　輸出　天然ガス、亜鉛、金（地金）、大豆、銀
　輸入　自動車・自動車部品、燃料・潤滑油
在ボリビア日本人数：2,706 人（2022 年）（外務省「在留邦人数調査統計」）
　日系人　約 1 万 3,000 人（推定）
日本との外交関係：
　1914 年、通商条約の締結により外交関係樹立。1942 年、ボリビアが第 2 次世界大戦に連合国側から参戦し、外交関係が途絶。1952 年、外交関係再開
日本との経済関係：
　対日貿易額（2022 年、日本財務省貿易統計）：輸出　174 億円　　輸入　698 億円
　主要品目　輸入＝自動車・自動車部品、機械等　　輸出＝亜鉛、鉛、錫、ごま等
概要
　国名は、独立に導いたシモン・ボリバルにちなみ、「ボリバルの国」という意味。
　国旗の中央の紋章には国を象徴するポトシの丘、コンドル、リャマ、パンの木、太陽、槍、自由の帽子、県の数を表す 9 つの星を表し、3 色のうち赤は独立闘争時の血と犠牲、黄は豊かな鉱物資源、緑は森林資源を象徴する。
　標高 4,000 m のアンデスの高地から東は低地の亜熱帯、熱帯と多様な国土で気候も多様。
　1985 年に月間 20％というインフレになり経済は破綻に瀕したが、ドル取引きの自由化、貿易自由化などによる新経済政策により鎮静化。その後停滞。2011 年以降は固定為替相場制。

オキナワ村で倒れる

ボリビア多民族国は、南米大陸の内陸の国である。ボリビア人は国の形をハート形と言う。西側3分の1がアンデス山脈、東側3分の1が平地、北部3分の1はブラジルへと続くアマゾン地帯である。ブラジルへ続くというのは、アマゾン川の源流がアンデス山脈から流れ出ているからである。

首都スクレは、アンデス山脈の標高約5,800mにある人口約28万5,000人（2012年）の小さい町で、第1都市のラ・パスは標高約3,600m、人口約76万7,000人（2012年）で、経済の中心である。テレビでは、アンデスの山に暮らす山高帽におさげ髪の先住民たちや、フォルクローレという音楽がよく紹介される。フォルクローレは笛の音色や音階が日本の笛を思わせ、毛皮を貼った太鼓が珍しく、くぐもった音がする。

先住民の印象が強いそのボリビアに、オキナワという名前がある。沖縄から移住した人々が暮らす村で、西の平原にある第2の都市のサンタ・クルス・デ・ラ・シエラ（略してサンタ・クルス）近郊にある。どこまでも大豆畑が拡がっており、空の青と畑の緑が地平線をくっきり分けている。村は開発順に第1移住地、第2移住地、第3移住地とあり、行政の中心である第1移住地に日本人会会館がある。その会館の2階の宿泊施設に泊まることができた。夜は事務を執る人は

コチャバンバ市内のジャガイモ市場。先住民が多い。フエルトの山高帽をかぶっている女性は標高 3,000 m以上の高地に住んでいる民族。

帰宅し、誰もいなくなる。炊事場がないので敷地外の食堂に食べに行くが、あたりは真っ暗である。野犬におびえながら帰り、自分で門と建物に施錠をする。スリリングである。

　ここを訪れたのは、移住者の話を聞くためであった。日系人が設立したキリスト教会の人々が、手作りの料理を並べて歓迎会を開いてくれた。牧師は日本から派遣された大熊禮子さんである。この地の人々の温かい気持ちが伝わってきた。土地の川魚であるドラドの刺身は喉から手が出るほど食べたかったが、ぐっとこらえた。旅行者は土地に慣れない上に疲れているので、生ものは控えた方が良い。しかしうっかり生野菜を食べ、次の日、みごとにひどい腹痛と下痢、発熱に襲われた。

　壁に手を突きながら休み休み村内の診療所にたどり着いたのだが、医師は往診に出ていた。待合室のベンチに座っているのが苦痛なほどの痛みをこらえていると、額に汗が浮かんできた。私の前のベンチには、赤ん坊を抱いたおさげ髪につばの広い帽子をかぶった先住民の女性が身じろぎもせず座っている。赤ん坊も泣かない。待合室の真ん中にソテツのような木が植えてあり、粉のような赤土がタイルの床にはみ出している。その粉の行方を目で追っていたら、床をアリがはっている。ミカさんの、「日本はどこもかしこもきれいです」との言葉を思い出した。ミカさんはオキナワ村診療所の看護師である。日本での研修のため国際協力機構（ＪＩＣＡ）の横浜事務所に宿泊し

オキナワ村の文化会館（1994年、入植40周年記念で落成）。オキナワ日本ボリビア協会（1978年設立）がこの会館内にある。会員数約900人、約250世帯。2024年で入植70周年。左に開拓者の像がある

ていたミカさんから話を聞きオキナワ村を想像したが、やはり浅薄だった。

診療所の、日本から派遣されたという女性医師は、細菌性の下痢と発熱なので、水分とミネラルをたっぷりとって安静にと言い、診療所に1泊したほうがいいと勧めた。体力と気力の消耗と、注射を打たれたためか、ぼーっとしながら、出されたおかゆの隣に置かれた皿に盛られた白い粉を振りかけた。てっきり塩だと思ったが、塩味を感じない。紅茶にも白い粉を入れたが、味がない。腹痛と下痢と発熱で味覚まで狂ったかと、ぐったり横になった。

翌朝、牛の鳴き声で目が覚めた。鶏のコッコッという鳴き声も聞こえる。朝食は昨夜と同じおかゆと紅茶と白い粉である。昨夜より気力が出て、試しに白い粉を紅茶に入れてみた。ほんのり甘いような気がした。砂糖だった。日本の砂糖より甘みが薄い。体調がひどい昨夜は、何度かけても味が感じられなかったわけだ。ボリビア人の看護師には、紅茶に塩を入れるなど想像できなかったのだろう。

退院し会館へ戻ると、大熊牧師が訪ねてきた。宿泊している部屋を見渡すと少し顔を曇らせ、夕食に誘ってくれた。ただの訪問者に気を配ってくれる大熊牧師や教会の人々の優しさが身にしみた。食事の前に、食べ物への感謝とともに私の旅の無事と仕事がうまくいくように、それに日本の家族の安全も祈る。祈るとは、

他者のためであることを教えられた。そして翌日からの取材には、大熊牧師が車での送迎を買って出てくれた。日本の村と違って、オキナワ村の畑は広く、その広い畑の中にポツンと家があるので、歩いて行けるような距離ではない。

使命感に燃える――徳昌さんとトシさん

トシさんと徳昌さんは、1954年の琉球政府による計画移民である。その移住地は、沖縄の名前を取って「うるま移住地」と名付けられた。入植地に夫妻が兄弟たちと到着したのは、1954年9月4日だった。夫妻の長男が4歳、次男は1歳と数カ月だった。日本の敗戦により、沖縄がアメリカ統治下になって10年に満たないころのことで、徳昌さんは移住を思い立った理由をこう言う。

「沖縄は、土地は狭いしアメリカに束縛されているような気がしてね、自由がなかった」

戦争で戸籍も何もかも焼けてしまったため、新たに戸籍を作り直したとき西暦で生年月日を聞かれたが西暦がわからなかった。「大正11年生まれだから勘定してくれ」と徳昌さんは言った。突然沖縄がアメリカになり、日本がガラッと変わってしまった。「円」ではなく「ドル」を使う。日本ではなくなった。そう強く感じた。

沖縄は、引き揚げの人で人口がふくれあがっていた。仕事はない。子どもたちは高校を卒業しても仕事が見つからない。いつになったら改善されるのか、見通しが立たない。

徳昌さんは沖縄に土地を持っていた。農業で食べていくことはできただろうが、沖縄での農業はこの先も細々としたものにしか思えなかった。

「希望も持てないから、出て行った方がいいんじゃないか。募集していたボリビアという所は土地も広いし、子どもたちも好きなようにできるし。そう考えていたら、急に移住の話が決まって」

あちこちでボリビアへ行くと話し、盛大に見送られて沖縄をあとにした。4000人の応募者のうち、ボリビアへ行けるのは400人だ。その、10分の1の中に選ばれた。

「使命も責任もあると思いましたよ。この移住の事業を守るのだ、移住団を守るのだ。守らねば移民はこの先続かない、捨て石になっても頑張るのだ、と思っていました」

戦争中で学校にも満足に行けず、いつも「使命」と言われ続けて育ってきたから、使命の重さがわかるのかな、と徳昌さんは言う。

着いた移住地は、原生林だった。いつも森に押さえ込まれているような感じで、太陽が見えない、薄暗いところだった。それでも、戦後のあの混沌とした沖縄から思うと、はっとするような広々とした気持ちが持てた。風は、北から南へと吹いていた。それも日本とは違うように感じた。よく雲の流れを見ながら歩いたものだ。道路は南北に通っていた。

初めは共同宿舎に入り、同じ棟の人たちと、食事当番を決めて食事作りをした。

「蚊が多くてね。ご飯食べててもかじりに来るから、おちおち食べてもいられない。子どもがね、ご飯も食べず、おうちに帰ろう、帰ろう、って言ってね」

蚊は日本の蚊よりも大きく、蚊帳の中まで入ってきて刺す。かゆくてかゆくて眠れなかった。ネズミも多かった。森のネズミだから大きくはないが、それでも辟易した。

家を水のそばに作った。水といってもたまり水で、紅茶のような色と言えば聞こえはいいが、濁った水だった。泥を沈殿させ、上澄みの水をドラム缶に入れる。塩分やアンモニア分が多いから石けんが泡立たない。それでも水があるのはありがたかった。飲料水はドラム缶に雨水をためた。

森の木は太く、切り倒して焼こうとしてもなかなか焼けない。背の高い草は何度も火をつけ、焼きながら森を開拓した。土地の割り当てはくじ引きだったので、文句は言えない。それにほかの土地は湿地帯だったから、原生林のほうが畑に向くと考えた。

「共同で家を作ったんですよ。井戸も共同で掘ったんです。何度家を作ったかわからんね」

原生林には、家の屋根に使うヤシも見えなかった。ヤシの葉を葺き、壁は板張りだが隙間だらけだ。玄関の戸を開けると、靴のまま入る土間がある。

毎日大木を切り倒し、拓いて作った畑には、まず自給自足のための米を植えた。だが、実を結ばず大して穫れなかった。農作業に必要な道具類も、男性たちが共同で作った。

希望があるから――正次さんとトミさん

正次さんとトミさん夫妻の家では、やや細身の正次さんと少し横に広いトミさんが、穏やかなあたたかい笑顔を向けてくれた。

夫妻は1958年10月19日に那覇港を出発し、2カ月半の航海を経て翌1959年1月1日にオキナワ村に到着した。沖縄がアメリカの統治下になってから13年後のことである。

「大陸へ行けば50町歩与えられるというので、狭い沖縄に留まってこせこせするより、希望があると思ったんですよ」

と、正次さんは言う。夫妻には11歳、9歳、6歳、3歳の4人の子どもがいた。トミさんは言う。

「右も左も分からない子どもたちを、あんたは山の中へ連れて行ってどうやって暮らしてゆくつもりなのだ、と父母たちや親戚の人々からきつく反対されました。けれど、決心の固い主人は海外に雄飛することで希望に燃えていましたので、誰が何と言おうと聞き入れませんでした」

正次さん以後の移民たちは第2移住地に入植することになっていたが、正次さんは子どもたちの教育のことなどを考え、ボリビア人から第1移住地内の土地を買った。第1移住地は日本語の学校などができており、生活に便利だったからである。当時、1町歩が20米ドルだった。琉球政府からは、1戸当たり40米ドルの援助金が支給された。

移住地に着くまでの船の旅では、トミさんは大いに楽しんだ。香港、シンガポール、南アフリカのダーバン、リオ・デ・ジャネイロと船は寄港し、そのたびに町を見物した。ほんとうに楽しく、もう1度あの船旅をしたいと言う。13日間の列車の旅では、おむつ洗いに奔走した。汽車が止まるたびに水を探して、駅の近くを走り回った。

正次さんは、旅の途中で6000米ドルもの大金を盗まれてしまった。顔色が変わっていくのが分かる。だが、誰が盗ったかわからない。幸い、知人に預けてあった300ドルは無事で、その金は木を切り倒す際に雇ったボリビア人に払う賃金になった。

移住地に到着したのは12月25日、クリスマスの日だった。子どもたちには楽しいはずのクリスマスが、電気どころかランプもない、真っ暗な夜だった。一夜明けてみると、どこもかしこも鬱蒼とした森である。トミさんは、どうやってこの大木を切り倒して畑にしたら良いのかと、初めは呆然とした

開墾前に、水を探す。当初の飲料水は、トラクターで掘った穴にためた雨水を使った。湧いているボウフラを手で押しやるようによけて汲み、沸かして飲んだ。

「そんなの、今まで見たこともないでしょう、びっくりして……。葉が落ちると腐って水が茶色になっているんですよ。葉をかき分けて汲んで。そこへ豚が水を飲みに来て……。しばらく置くと泥は沈むから、それを沸かして」

泡が立っているような水も飲んだ。それでも不思議なことに、病気にならなかった。以後、飲料水にはドラム缶に雨水をためた。ポンプで水を汲み上げる井戸は移住地内にあったが、家から遠い。井戸水はありがたかったが、ブラジルのサントス港でもらった5ℓほど入るビンに水を入れたら重くて、一番辛かったとトミさんは言う。

ジャングルの開墾は、大木を倒し、切ったあと火をつける。火が消え熱がなくなるのを待って種をまく。しかし倒した木は完全には灰にならず、まだ横たわっている。それを拾って集めて、また焼く。原始林の木は大きいから根も大きく、掘り起こすのは容易ではない。大きな切り株はそのまま残したので、木の残骸や切り株の合間に畑があるように見えた。1町歩の畑を開墾する

『うるまからの出発』 コロニア・オキナワ入植40周年記念誌

ために、2人がかりで20日かかった。

「現地人を雇ったが、1日3米ドルぐらいだったかなあ。当時は安かった。今ならトラクターで楽にできるけど」

と、正次さん。現地の人に賃金は払えなかったので、沖縄で作って持ってきた服をあげた。何日間働いたらこれをあげるということをわかってもらうのに、身振り手振りだった。

最初の年は5町歩開墾し、陸稲《おかぼ》を作った。家族で食べる分だけだったが、食べられることは嬉しかった。それでも10年ぐらい、自給のための米が足りなかった。3、4年順調に米が穫れて胸をなで下ろし、もっと収穫をしようと40町歩植え付けた年のことだった。強い南風が吹いて、一夜にして米は枯れてしまった。南米の南風は、南極から吹いて来るので冷たい。晴れて暖かくても、急に曇り始めたかと思うと間もなく南風が吹いて寒くなる。

「がっかりして泣きたいような気持ちでした」と、トミさんは「ボリビアに移住して」(『うるまからの出発《たびだち》』コロニア・オキナワ入植四十周年記念誌)の移住者公募作文に書いている。

2人は気持ちを立て直し、今年こそは、と励まし合い、また米作りに向かった。「雨の降る夜はしばしば軒下に佇んで神様に祈ったことが、つい昨日のことのように思われます」(前掲「ボリビアに移住して」)

米が足りないのでトウモロコシを作り、干し、臼でひいて粉にしたものを、おじやにして食べた。6歳の子どもが、「これ、たべられない」と言って泣いた。

「かわいそうでねぇ、たまらなかったですよ。こうして話していると、昔のこと、いろいろ思い出しますねぇ……」

移住者たちの米栽培は次第に収量を上げるようになった。だが、近くの都市、サンタ・クルスでの消費より収量が上回った。米が余る。流通は整備されていない。そこで、農業協同組合は大都市ラ・パスでの米の販路開拓を始めた。

陸稲の裏作には、トウモロコシを作った。単作営農では災害などにより被害を受けたときのダメージが大きく、危険である。しかし、落花生、大豆などを栽培しても需要がないために換金できず、換金作物としては陸稲に頼らざるをえなかった。

大水害に襲われる

正次さんは、牧畜も採り入れようと考え、豚を5頭飼い始めた。次に、牛を10頭ほどボリビア人から買い入れた。正次さんは、将来は牧場主になろう、と張り切った。1968年には、豚は60頭、牛は38頭に増えた。入植10年目だった。少し貯金ができたので、家を新築した。そこへ、大水害が襲った。2月のことだった。

移住地の人々は、川の水が増えているから今年は豊作間違いなし、と天ぷらを作りお祝いをしていた。水の動きは緩慢だった。移住地の端に少し水が入ってきたとき、人々はおもしろがって見に行った。ところが水は以後も増え続け、正次さん一家はとうとう1カ月も学校や知人の家で避難生活をすることになってしまった。新築の家も、1mの高さまで浸水した。

牧場は軌道に乗ってきたところで、飼っていた牛を人に預け、60頭の豚も格闘しながら避難させた。豚は大騒ぎで、おとなしくさせるために顔を水に少し浸けた。だが、避難生活は1カ月に

オキナワ村を流れる川。かつて氾濫し大水害が起きた。訪れたのどかな日、鶏が数羽、虫をついばんでいた。

もおよび豚の世話ができない。世話を人に頼んでいたので、結局、安売りせざるをえなかった。鶏は水害でばたばた倒れた。死なせるよりは、と鶏も売った。豊作を当て込んで高くなったときに売ろうと保存しておいた作物は、腐ってしまった。

ボリビア人に聞くと、この洪水は50年に1度くらいの規模のものだという。正次さんの被害は大きく、今後どうしようかと考えあぐねた。この被害を聞きつけたブラジルにいる叔父からブラジルへ来いという手紙が来た。だが、沖縄からも親戚からも援助金をもらってこの地に来たのである。おめおめ、しっぽを巻いて出ていくわけにはいかない。

「ボリビアに骨を埋めるつもりで来たんだから。頑張ります、と言ってきたんだから」

と、トミさんも言う。

ボリビアは南半球だから、2月は夏の終わりである。川の上流、アマゾン地帯に降った雨は、各支流を経て平地に到達するときには相当量の水となっている。加えて、移住地は勾配1000分の1という平坦な平野である。1度水が出たらなかなか引かない。グランデ河の氾濫で、河に近い北部の移住地はほとんどが被害に遭った。一面の水の中に家の屋根が点々と見える。いたるところで小魚が跳ねている。この大浸水は2週間ほどでゆっくりと引き、耕地のあちこちに大きな溜池ができた。勾配が緩やかなだけに浸水もゆっくりだったから、移住地の人たちは避難する余裕があり、死者は出なかった。水が引くまで、人々は舟で耕地を行き来した。人命は失われなかったが、家畜の避難までは手がまわらず、また農作物などの被害が甚大であった。

旱魃の被害もあり、天候が一定しないため営農作物が課題だった。１９６０年代末、サンタクルス市周辺で棉作が始まり次々に棉花を植えた。ＪＩＣＡサンタ・クルス支部では、棉作は初めてだったが移住地の役員を集めて棉作の試験栽培委員会を開き、１９７０年から各移住地内で試験栽培を開始した。試験栽培は好成績で、棉を稲に代わる基幹作物にすることにした。

１９７１年から本格的な棉の栽培が始まり、旱魃に強いというので期待が高まった。ブラジルから専門家を招聘して指導を受け、ＪＩＣＡの融資によって操綿工場が建った。さらに１９７３年に耕地面積は拡大し、機械化された。移住地の広大な畑は一面白い棉の花で埋め尽くされ、棉摘み労働者を一時、数千人も雇うほどだった。

正次さんも棉栽培を始めた。初めのうちは順調だったが、収益が上がらず失敗だった。旱魃に強い作物は雨に弱い。年によっては雨が降り続くことがある。異常気象の上、１９７３年のオイル・ショックで世界中の経済が冷え込み、綿の暴落へつながった。１９８１年、操綿工場は閉鎖され、残ったのは多額の借金だった。また試行錯誤の日を送ることになった。

しかし移住以来苦労してきたので、人々は失敗から学んできた。棉栽培から、大型機械による営農のノウハウを学んだ。１人50町歩という広い農地だから、機械化が必要だ。

トミさん、流産する

話すほどに、トミさんはこれまでの生活の記憶がよみがえってくる。流産したことがある。その日、正次さんが釣ってきた山のような魚を、トミさんは加工していた。これだけあれば1カ月食べられる。魚の腹を割いて塩漬けにする。岩塩の塊を挽いて細かくする。とその時、かーっと血が上るような感覚があった。言葉が出ない。これは大変だ、病院へ行かねば、とようやくかき集めた言葉でそのとき一緒にいた人に頼み、病院へ連れて行ってもらった。

「行く途中にも大きな出血があってね、もう死ぬんだねー、と思いました」

出血が止まったのでもう帰る、と言ったら、真っ青になった正次さんの顔が目に入った。正次さんも、トミさんが死ぬのではないかと慌てていた。病院は移住地内にはなく、トミさんはそれから2カ月、サンタ・クルスに留まった。

「うるまは貧乏通り。木が焼けなくて。米が穫れなくて」

別れ際、正次さんは、

「ぜひ兄を訪ねてみてください。私は元気だと」

と、兄の憲永さんの住所を書いてくれた。私は、沖縄を素通りしてボリビアで取材している。正次さんのお兄さんを訪ねようと強く思った。

長い話が終って日本人会会館へ帰るとき、サトウキビ畑を通った。サトウキビを山のように積んだトラックが、土埃をあげながら時折走る。夕方になり、広いサトウキビ畑に穏やかな風が渡る。サトウキビの穂が夕日を受けてきらきら光りながら、寄せる波のようになびいていた。「ザワワ、ザワワ」と森山良子が歌う沖縄のサトウキビ畑の歌は胸に迫るものがあるが、ここの風景はあくまでも穏やかだった。

大熊牧師は、近くの川に案内してくれた。川の水は泥で濁っているが穏やかで、のんびり「はしけ」の船頭が客を待っていた。鶏が数羽、コッコッと鳴き、土の中の虫をついばんでいた。「水はなくて困り、多くても困る」というトミさんの言葉がよみがえった。

うるま移住地の開墾

1954年8月15日、406人がうるま移住地に到着した。入国査証のチェックと、生活に関する説明のための集会があり、先行移住者たちの集団移民への熱い思いが次々に語られた。そのときの挨拶などは、『うるまからの出発《たびだち》』に記されている。いわく、「旧移民の老人達が同胞愛に燃えた仕事、つまり破壊された戦後沖縄の同胞は生活が苦しいので大陸に呼び寄せて生活の安定を図りたい」「この地に民族発展の基盤を築きたい」、さらに「選ばれたのだから、移住者としての任務や責任を守り、後続者の道を拓くという自覚をもって頑張ってほしい」という檄がある。また、ボリビア政府の大量移民の受け入れは今回が初めてであること、「日本人の農業は世界的にも優秀で農業の神様だと高く評価している」とも言う。いずれも希望に燃え、困難な仕事に立ち向かう意気にあふれている。

新移住者たちは、熱心にこれらの話に耳を傾けた。徳昌さんが言う「使命」の思いだ。人々はこれらの言葉を胸に刻んで、移民するという思いを新たにした。

オキナワ村の広大な大豆畑とアメリカレア（ボリビア日系協会連合会事務局長安仁屋滋さん提供）

井戸掘りが間に合わなかったが、2、3日で地下水脈に当たるだろうから、その間の飲料水をグランデ河からドラム缶に詰めてトラックで運ぶこと、雑用水については2㎞ほど離れたところに自然沼があり、その水を牛車で運ぶということだった。グランデ河の水は泥が多い濁り水であり、アンモニア分や塩分が強く石けんが泡立たなかった。

沖縄から持ってきた荷物は、3日かけてトラックで運ばれた。10日後から開拓のために共同作業を始めた。先に到着した人たちが新しい到着者のために突貫工事で道路や宿舎を作っていたが、連日続く雨のため作業ははかどらず、宿舎は半分しかできあがっていなかった。家は屋根がない小屋で、ヤシの葉を葺いた。共同便所も作った。

穴を掘っているときに、土器のかけらが出てきた。どうやら先住民のものらしい。この近辺には住んでいないようなので、捨てた。地域を捨てた人たちがいたことに深い意味があるとは考えず、開拓作業に忙しい人々の頭からすぐにその疑問は消えた。

森の木々を切り倒す。密生している原生林で大木をどこに、どのように倒したらいいのか、ほとんどの移住者たちにとって初めての経験だった。案の定、怪我人が出たが、軽傷だったのは不幸中の幸いだった。

日本からの荷物が届くと、精米機や製材機の組み立て作業を満州で暮らした経験がある人たちが行った。沖縄から満州へ移民し、帰国してまたボリビアへの移民に加わっていた。鍛冶仕事も共同作業の一つだった。

大陸性の気候で、日が暮れると気温が下がる。9月に入ると北風が強く吹く。南半球は北からの風が暖かい。切り拓いて土が見えるようになった広い土地の埃を巻き上げて、風が通り抜けていく。共同宿舎に明りがともった。石油ランプの、ゆらゆら揺れるほのかな灯りではあったが、人々の生活が始まったことの証でもあるようだった。

開拓の激しい労働で疲れている人々は、ときどき争いや口論を起こしていた。しかしそれも開拓が進んで自分が得られる畑の見通しが出てくると、次第に収まっていった。

深さ8m、手掘りの井戸が完成した。水は出るようになったが、水量が少ない。沖縄から持ってきた種に注いだら、ようやく出た芽が枯れた。塩分が強かったからだ。飲料水にはならない。次に深く井戸を掘った。鉄塔を組み、政府の兵士たちが機械を使ってボウリングした。人々は朝早くからバケツやビンを持って並んだ。待望の真水だった。続いて、第2、第3の井戸を掘ることが予定された。

土地の測量で一部がグランデ河の河床よりも低いことがわかり、土地の配分は公平を期すためくじで決めたが、その土地に当たった者はもちろん、人々は少なからず不安を感じた。

10月末になり、ますます暑くなり、食べ物が腐りやすくなった。近くの池やグランデ河では魚が捕れたし森では動物も手に入ったが、長期間保存できない。野菜類も保存できない。バランスよく食べることができず、人々は栄養が偏り、体調不良を訴える者が増えていった。

うるま移住地で死者が出る

10月30日、ここ何日間か高熱を出していた45歳の男性が亡くなった。みな風邪から来た肺炎だろうと思った。12月になると、子どもが2人亡くなり、病に倒れる者が30人あまりになった。栄養補給のため、移住地内で鶏を飼うことにした。家畜を狙う無法者たちの襲撃に備えて自警団を組織していたが、各自厳重に警戒するようにという通達で犬を飼う者が現れ、犬はあっという間に移住地内に増えた。あちこちで犬が吠える。病気はますます増えていく。だが、周辺の先住民たちはそのような病気は知らないという。

従軍した元衛生兵だった者と、看護師が病人の看護に明け暮れた。移住地内の作業は停止し、重症者は近隣のサンタ・クルスの病院に搬送された。道路は凹凸だらけの間に合わせのものだったので、トラックで50時間もかかった。病気療養所のための家を通院しやすい市内に購入し、病人を収容した。季節は夏、酷暑であり、蚊が多い。マラリアではないかと当初は考えたが、病人を診察した医師は別種の伝染病だという。人々は、明日は我が身かもしれないと動揺した。

「わたしらの班から最初の犠牲者が出たんですよ。同じ家から、10人目の犠牲者が出た。自分たちの将来もどうなるかわからない。犠牲者の家には悪いし酷いが、酒を飲みました」

と言うのは徳昌さんである。次々に隣近所から死者が出る。次は自分の番か、今、ここで? 不安でいても立ってもいられない。人と話しても不安が拭い去れるものではないし、班の人たちが、どうするか、どうしたら良いのかと聞きに来ても、どうしたらいいのかわからない。毎日やってくる人と、どうしたら……と繰り返すだけだった。一時の安心感を得たくて動揺している人たちを呼んで、これ以上はもう犠牲者は出ないからと、お互いになだめあったが、その後も毎月、3、4人の死者が出た。

自分は歩ける。人間は本能的に食べ物を探すものだ。自分は食べ物を探している。まだ生きられる。移住団が全滅することはないだろう。一部の人たちは助け出されるだろうと、徳昌さんとトシさんは始終そんな話をした。

「自分らは死んでもしかたない、とも思いました。人間は、1度は死ぬ。怖がることはない、と考えました。悲しんでばかりいたら、怖がっていたら、収拾がつきませんからねえ」

炎天下での共同作業は、一時中止となった。人々は、不安な気持ちを紛らわせるためか暇ができたからか、木をくりぬいて臼を作る者、森から蔓を採ってきて籠を編む者など、さまざまなことをして過ごし始めた。

その間にも、次々に罹患し、死者が増えていく。移住団の団長も倒れた。サンタ・クルスの医師は伝染病だと言うが、ウィルスなのか細菌なのか、原因がわからない。サンタ・クルス医師会は、政府に原因不明の伝染性病を報告した。移民受け入れ団体も、農務大臣に死者4人が出たことを報告した。移住団は総会を開き、緊急対策委員会の設置と、開発途上の移住地を捨てて全員が別の土地に移ることにした。

アメリカ政府、ボリビア政府、伝染病（?）を調査

翌1955年の初め、琉球政府へ移住地の伝染病発生と死者4人が出たこと、緊急事態である

ことを打電した。移民送り出しまでに琉球政府は〝移民使節〟を送り、現地踏査をしてマラリアや風土病ないと公表していたこと、アメリカ・スタンフォード大学教授で移住先のボリビアを調査したジェイムズ・ティグナー博士やボリビア政府も移民の好適地とし推奨していただけに、琉球政府は深く憂慮した。

電報の翌日、すぐに琉球政府はボリビア政府、アメリカ政府に調査と医療、救援等の応急措置を緊急手配すること、ボリビア政府に対しても協力を依頼した。また、琉球政府の使節2人を2カ月半から3カ月派遣する決定がされた。

一方、ボリビアでは農務大臣から、ボリビア政府が3人の医師団を派遣するという電報が来た。入院患者の入院費はその医師団の計らいで免除され、移住地には医薬品が届けられ、医師団は移住地に到着するとすぐに診察を始めた。しかし、到着して30分後に亡くなった人がいた。

医師が来ても亡くなっていくのを見て、人々はさらに動揺し、100人がサンタ・クルス市へ避難した。医師団の到着前にアルゼンチンやブラジル、ペルーにひそかに脱出した人もいた。伝染病という診断により隔離病棟が作られ、医師団に出された指示で昼夜、診療が行われた。このころから新たな患者は次第に減り、闘病中の人も全快するようになってきた。緊急対策委員会は、医師団に感謝を述べるとともに医師の常駐を依頼した。

サンタ・クルスの医師団が診療したときには原因を特定できず、犬によるウィルスかもしれない、と犬の可能性を挙げた。すると、次々に犬は処分され、あれほど喧噪に近かった犬の声が聞こえなくなった。

照屋善助医師、不明熱を調査する

この不明熱の発生時にボリビアのオキナワ村に赴き、調査と診察に当たったのが、照屋善助医師である。照屋医師は、1955年4月16日から5月31日までサンタクルスに滞在し、3回、うるま移住地で調査した。1回目は12日間の診療と調査で、到着時には4人の重傷者がおり、うち2人が亡くなり、報告書「ウルマ耕地に於ける不明熱の疫学的調査及びその他について」を書いた。5月20～21日の調査では、患者43人の血液を採取しポイント・フォア計画本部へ輸送した。ポイント・フォア計画とは、ハリー・トルーマン大統領が1949年1月に提唱した共産主義防止を目的とした途上国開発支援計画で、ラテンアメリカへの援助としてボリビア東部の未開発地域の農業開拓への技術援助があった。沖縄の農業移民計画には、ポイント・フォア計画の資金が使われた。

ポイント・フォア計画本部では、採取して1週間以内の新鮮な採取検体を送るようにと言っていたが、この輸送は途中で採取検体が無効になってしまったため、次の回の輸送では工夫した。

「新鮮さを保つために、サンタ・クルスから氷を持ってきました。その氷を詰めた容器に検体を入れ、高地にある大都市のラ・パスへ運んだんです。ラ・パスでは航空機が待機していてね、ワシントンへリレー式に空輸しました」

検体の発送は21日、ワシントン到着が26日である。アメリカ陸軍病院で細菌学検査をしたが、細菌の正体はわからなかった。照屋医師は当時の診察メモを保管していた。はがき大のわら半紙370枚で、万年筆で記されている。当初410人が入植したが、不明熱疾患発生により40人が他の国や地方に移っていた。しかし90％の回収率は、信頼できると言ってよいとのことだ。ただし、照屋医師は報告書に以下の点に触れている。この「不明熱疾患」の記録は患者への問診で任意の記入であり、病気による記憶違いや日数を経ているため記憶が曖昧になるなどの点で正確とは言えない面もある。また、当初から当たっていた住民の中の医療介補（代用医師。アメリカ占領下での沖縄の医療職の一つで１９５１年に制度化）と住民の記憶に、多少の食い違いが見られることもやむを得ないという点である。

問診は、不明熱疾患に罹患したと思うか、あるいはどのような疾病に罹患したか、発病月日、発病期間、などである。結果は、不明熱病者１４７人で罹患率39・７％、不明熱による死亡者15人である。

不明熱疾患のほかには、マラリア（16人）、アメーバ赤痢（20人）、アメーバ赤痢以外の下痢症（６人）、腎炎（３人）、風邪（31人）、その他（２人）などの疾病が見つかった。不明熱疾患の最初の発症者は10月27日で、死亡が２日後の29日である。発症から死亡まできわめて短い。初め、医療介補はこの患者を肺炎と診断したが、以降次々に患者が現れたため、肺炎ではなく不明の伝染病と推測された。流行の頂点は12月下旬から１月中旬で、照屋医師が調査と診療に入って11日後の４月27日に不明熱はようやく終息した。

その他の症例を考慮して、照屋医師はこの不明熱疾患の潜伏期間を17～19日間と推定した。また移民たちが、雨量が多いと一時的に下火になり日照りが多いと発症が増えると言っており、現地での天候との関係を考えたが雨量との明らかな関係はなさそうだと結論した。ただし、最高降雨期と流行最盛期が一致していることは見逃せなかった。

統計としては、年齢別の罹患者（可働年齢者に多く15歳以下は少ない）、男女別の罹患者（男性の方が女性より若干多い）、死亡者の年齢別男女別割合（男性13人、女性２人、15歳以下は４人）という結果だった。

照屋医師は、さらに移民たちの生活を調べた。生水の飲用の有無——沸騰させているかいないか。飲料水はグランデ河、塩分が強い井戸水、掘り抜き井戸のものかどうか。ジャングルで作業を行った男性は、ジャングル内の溜まり水を飲んでいるかどうか。昆虫類に対する衛生配慮——蚊、ブヨ、蝿に対する注意は払われているかいないか。男性可働者と少年はダニにかまれているかどうか。蝿は以前には多く、ＤＤＴ散布後は少なくなったと言うが、調査時点では増えていた。蚊の発生は顕著なのだが、ジャングル内作業時に蚊への対策はまったく行われていなかった。

不明熱疾患の症状については、39〜40度という突然の高熱、頭痛、軽から重までの腰痛、嘔吐（患者の１人は吐血）、吐き気、季肋部《ママ》圧痛、頻尿、胸痛、肺底部の乾性雑音、食欲不振、不眠、倦怠感などだった。診察では、６人に結膜と咽頭粘膜の充血が見られた。そして、「抗生物質に反応はなく、対症療法だけしか処置できないように思われた」と報告書は結んでいる。

「日本脳炎と、経過が似ています。１００人に１〜２％の割合で発病する罹病率も、致死率も、ほぼ同じです」

照屋医師は、当時、文献を調べたが当てはまるような疾患は見られず、今もって原因はわからないが、おそらくウィルスかそれに近いものだろうと想像している。日本脳炎と症例が似ているが日本脳炎の媒介は蚊で、蚊がいなくなると病気は終息する。発病の時期が夏に向かい蚊が増えているので、蚊が媒介した病気かもしれない。元のウィルスは渡り鳥が持っていたのかもしれない。ウィルスには豚も感染する。豚を蚊が刺す。そして、人間も刺す。日本脳炎の流行は、豚や山羊の抗体を調べて予測するのだそうだ。予防のためにはこのサイクルを絶たなければならないが、ウィルスが不明だったため予防策を講じることはできなかった、残念に思っていると照屋医師は言う。

沖縄からの移住の際に、アメリカのポイント・フォア計画本部は土の性質や周囲に住むボリビア人を含めた環境を調査したが、病気はなかった。しかし、このウィルスに対してボリビア人は免疫を持っていたのかもしれないというのが、照屋医師とアメリカ医師団の見解である。原生林の調査のときに、土を掘ったら土器の破片が出てきた。原生林に先住民は住んでいなかった。病気のために出て行ったのか、移動しただけなのか、それは今もわかっていない。

この不明熱は、「うるま移住地」に起こったので、誰ともなく「うるま病」と言い出し、その名前が『医事新報』に出たことから一般的に「うるま病」と呼ばれるようになったという。

「原生林を切り拓いて農地にする重労働や、この病気、続いての水害で、この事業は移民ではなく『棄民』だと叩かれましたが、いや、『棄民』ではありませんよ。ボリビア移住はアメリカの政策で、アメリカがいかにバックアップしていたか」

しばしば「移民は棄民」だと言われる。カリブや南米の国々への移民やその政策について、移民先の土地に塩が噴いてくるひどい例もあり、訴訟が起こった国もあった。しかし沖縄移民に対しては、合衆国のポイント・フォア計画がついていた、と照屋医師は言う。移住前に土地調査など入念に行われたこと、経済援助金が送金されていること、この病気のためにも援助されたこと、アメリカから医師3人が派遣されたことなどである。ボリビア政府も井戸掘削のため機械と軍隊を派遣したし、「うるま病」では医師団を派遣している。そして、ボリビア移民は琉球政府の事業でもあった。

照屋医師はボリビアへ行く前にワシントンに寄り、ボリビア移民のために尽力した人々と会った。移住地をアメリカ政府の依頼で調査したスタンフォード大学教授のジェイムズ・ティグナー博士は、調査を進めるうちに、沖縄の移住問題はあまりにも急を要し重大であるために、研究を越えて尽力したい旨を照屋医師に話したという。ティグナー博士の1000ページにもおよぶ報告書を、照屋医師は1日に2~3時間読み、読み終えるのに約3週間かかったという。

また、照屋医師はボリビア開発公団総裁とも会って会談をしている。総裁は、同団が責任を持って沖縄移民団を指導、援助すること、「総裁は沖縄移民が幸福になるには総裁の力でき得る最大のものを与えたい」と、照屋医師に語ったとのことだ。

照屋医師の父親は1904年、16歳という移民団中、最年少でハワイへ契約移民として渡った。父親は2年ハワイで働いたがアメリカ本土に逃げ、ロッキー山脈に鉄道を敷設する事業の鉄道工夫として働き、その後ニューヨークで、夏は海水浴客相手に働き、冬は出稼ぎをして金を貯め、自学自習で料理を覚えてレストランで働いた。

照屋医師はアメリカ生まれで、10歳のとき日本の教育を受けるために母親と帰国した。医学を学び、英語ができることを買われ、福岡の陸軍病院で働いた。1954年、沖縄に引き揚げ、やはり英語ができることからアメリカ統治下の「琉球列島アメリカ国民政府で」働くことになった。仕事はおもに琉球政府との通訳のようなものだったというが、医療、公衆衛生、福祉が多く、沖縄の公衆衛生改善のために働いた。アメリカ国民政府はフィラリアやマラリア蚊の駆除を行い、技術も教え、ペニシリンも多かったので性病治療にも尽力した。

なぜ沖縄には移民が多いか

『新沖縄文学』45号（1980年総特集「沖縄移民」）の座談会「沖縄にとって移民とは何か」で、沖縄移民の特徴を論じている。移民の背景としてよく挙げられる貧困は一面であって、沖縄ならではの土地所有の問題、土地所有の在り方にあるという。「地租改正」が本土では行われ、大地主制で小作農は土地を所有したのではなく土地に束縛され支配された。一方、沖縄では「土地整理」が行われ、小作農ではなく土地を所有できた。自分の土地を持つことは土地を処分する自由も得たことだというのが、座談会における琉球大学の小松勝氏の視点である。移民しなければならなかったが、一方では「自由移民」として移民できたと言い換えられる。「棄民」という見方は、国家の政策との関連面からの問題である、とも小松氏は言う。

沖縄からの移民数は、本土に比べてとても多い。しかし世界の歴史を見ると、日本の移民が少ないのはなぜかを論じる視点も必要ではないか、鎖国が日本人におよぼした影響もあるのではないかと、沖縄県沖縄史料編集所（1967年設立。琉球歴史・沖縄県史の情報センター。1997年、県公文書館管理部の史料編集室に引き継ぎ）の西原文雄氏は提起している。沖縄について言えば、移民は中間層に多いという。渡航資金を作ることができた、土地を処分、つまり売ることができる資産を持っていたことになる。ただし、沖縄からの移民の中にも、借金を背負う人たちはいたようである。

もう一つの特徴は、長男、嫡男の移民が多かったことだという。本土であれば、長男は家督を継ぐために土地を離れる自由が大変少なかった。沖縄では、長男であっても移民する。沖縄は長男が家督を継ぐことについて根強い考えを持っているが、それでも移民するのは、腰掛け的移民という考えであり、出稼ぎ、財産を殖やす目的であると指摘しているのは、作家の大城立裕氏である。

呼び寄せ移民も多い。初めに渡航した者が家族や親戚を呼び寄せることである。先行の移民は現地の情報や苦労を伝えただろうし、自身、苦労してきている。それでも呼び寄せる。呼び寄せられた者は、苦労を承知で移民する。そうやって、一族の多くが移民した例もある。

ほかに、日露戦争後に移民が増えていることから、徴兵忌避のための移民も考えられること、自給自足であった農民が貨幣経済に巻き込まれていくときの過渡期として、莫大な金になることへの魅力を感じたこともあるだろうという。

沖縄は、かつては琉球王国という独立した国であった。江戸時代、薩摩藩に支配されても、琉球王国は立地条件を活かして近隣諸国と貿易を行っていた。明治時代に入って日本の支配下に置かれても、それまで培われてきた外国との交易、外国へ行くことは、長い鎖国下の日本本土の人々には想像できないほど積極的であったとも考えられる。

沖縄に親戚を訪ねる

正次さんの兄の憲永さんを、沖縄に訪ねた。憲永さん夫妻は、突然のことで少々戸惑ったよう

だったがお宅に招いてくれた。正次さんに移住の話を聞いたことなどを話すと、

「私にはあのような生活はできません」

と言う。原生林を倒し開拓する。度重なる苦難、電気のない生活など、原始的な生活を耐え抜くことである。

沖縄戦を生き抜いた人たちがなおもボリビアへ移民として新天地を目指した理由が、憲永さんの話に表れていた。憲永さん一家も戦時中、沖縄の島の中を逃げまどい、ついにアメリカ軍の捕虜となった。ようやく解放されたものの、生きることそのものが困難だった。

「ただただ生きている、という感じでしたよ。教育も文化もない、それどころか秩序もない、生活が混乱状態だったんです」

食べ物を遠くまで探しに行った。食べることが生活のすべてで、ようやく手に入れたわずかな芋を家族みんなで分け合って食いつなぎ、翌日また食べ物を探しに行く。山芋が手に入れば塩水に入れて文字通り水増しし、水のように薄いものをすすった。田畑は爆撃でやられて使えない。社会は崩壊していて、働くところもない。家は焼かれ、あるいはアメリカ軍に接収され、住むところもない。当初は、雨露を凌ぐだけの掘っ立て小屋だった。

通貨はなくなっていて、物々交換だった。無政府状態だった沖縄はやがて琉球政府ができて主席が任命され、アメリカ政府統治下で秩序ある社会になり始めた。学校もできた。兵舎のあとやトタン葺き、中にはテント張りの学校もあった。それでも1947年ごろまで日々の生活を送るだけで精一杯で、学校に行けない子どもも多かった。住居は、市や村が避難民小屋を作ってくれた。1棟に2、3世帯が入居する共同生活で、現在の仮設住宅というよりも収容所のイメージに

近い。

1948年ごろから少し落ち着いてきて、農業を始めた人たちがいる。民間企業はまだ立ち直っていず、働く場、仕事と言えばアメリカ軍関係や軍事産業で、もう戦争はいやだと心底思っても軍で働くしかなかった。

憲永さんは、かろうじて田畑が残っていた家に農作業の手伝いに通い、植え付けから収穫までを経験した。漁業を始める人も出てきた。沖縄は、形も残らないほど空爆や艦砲射撃を受け、田畑は耕作不能となり、あるいは土地をアメリカ軍の基地として接収された。食べる物もなく、多くの人は栄養失調に陥っていた。本土のように買い出しに行く農家もなく、たとえ農家があったとしても買えるものがなかった。

しかも、そこここに遺体が転がっている。弾薬もあたりに大量に放置されており、自宅であっても立ち入りは許されない。運良く自宅に帰ることができた住民にとって、住むこと、生きることはそのまま遺骨の収拾も担うことになった。多くの遺骨は住民によって収拾されたが、身元がわからない遺骨が多かった。遺骨は何カ所かに集められ、やがて慰霊塔が建てられた。遺骨の収拾はその後も続けられている。遺骨収集ボランティア団体「ガマフヤー」代表の具志堅隆松氏は、30年近く遺骨を拾い続けてきた。沖縄戦死者の99％が「無名戦没者」として沖縄戦没者墓苑に納められた。沖縄の戦争で亡くなった人は、4人に1人とも5人に1人ともいわれている。

アメリカ政府と琉球政府の移民政策

旧満州や九州の南から台湾近辺まで1200㎞に渡り点在する南西諸島への移民、日本全国で働いていた人々の沖縄への送還は1946年8月から始まり、同年12月までに14万人強が帰郷した。敗戦時、33万人だった沖縄の人口は一挙にふくれあがり56万人となった。

ボリビアのオキナワ村にあるオキナワ日本ボリビア協会会長の具志堅興貞さんは、

「あのころの沖縄は、何もかもが最低だったんですよ。焼け野原、畑も田んぼも使えない、職もない、アメリカが来て貨幣までが変わる。だから、我々は新天地を求めたんですよ」

と、身を乗り出して言った。さらに続けたそうな様子だが、頭をよぎることが多すぎたのか、それ以上語らなかった。興貞さんはこれを読んでほしいと著書『沖縄移住地』を差し出した。

著書には、興貞さんの思いが詰まっていた。興貞さんは戦後の沖縄は最低の島で、そこにいつまでもいることが情けなく、沖縄から出たい、逃げ出したい、としきりに思った。ちょうどそのころボリビア移民の話が話題になり始め、ボリビアをまったく知らなかったが沖縄から出たい一心でボリビア行を夢想した。興貞さんが育った時代、沖縄では、貧しさから男の子を漁師の「下僕」として、女の子を「女郎」として売り飛ばすことがよく行われた。興貞さんは9人兄弟だが、父親は貧しいながらも懸命に働き、1人も子どもを売らなかった。興貞さんは、故郷を去るときのことを思い出すと、自分で選んだ道とはいえ、とても複雑な気持ちになる。あのとき、故郷の人々は私たち家族をどのように見ていたのだろうか。大きな声援を送ってくれたが、「生まれ故郷を捨てる人」という気持ちもあったのではないか。しかし、これから大きな困難に向かうのだから「頑張れ」と言う言葉がふさわしい。そんな複雑な気持ちがあったのではなかろうかと、興貞さんは思う。著書には、生まれ故郷を「捨てる」ことは、それに見合うだけの理由がなければできないことなのだとあり、興貞さんの苦しい気持ちが伝わってくる。

『琉球新報』には、興貞さんと同じオキナワ村への移民団の中に読谷村《よみたんそん》からの青年10人がいたことが記されている。大半の所有地をアメリカ軍に接収され、軍人との接触により青年たちが堕落していく。青年会は頭を痛めていた。そこで、青年会は移民研究会を発足させ、研究をしているうちに海外進出の夢を見るようになり、移民計画を知って申し込んだとある。

琉球政府は、送還や奄美諸島のアメリカ軍基地化により職を求めてやってきた人々の生活を保障するための方策を模索した。だが1950年代前半まで、雇用力のある企業は少なかった。そして相変わらず、食料は乏しかった。

1951年ごろからアメリカ軍が基地にするために土地を接収し始め、1952年2月から移動が開始され、集落も田畑も強制的に立ち退かされた。ボリビアで話を聞いた正次さんもその1人で、先祖伝来の田畑がすべてアメリカ軍基地になった。

「保障費はあったが、わずかなものでした。これまで生活してきた地から泣く泣く移動させられた人が多かったんですよ」

と、憲永さんは言う。憲永さんの土地も接収されたがすべてではなく、家は残ったので沖縄に留まったという。

土地接収でアメリカ政府が抱いた危惧はいくつかあった。強制的に移住させた人々がいること、アメリカ軍が建設している軍事基地は広大で、沖縄の住民がその建設に関わるとしても、住民の仕事としては一時的なものであることだ。軍事基地建設の仕事は貴重だが工事が終わるとその人々は解雇されるので、過剰労働力をどうするかが、政治的課題だった。過剰労働力となって職を失った人々と土地を強制接収された人々が、急速に共産化することを恐れた。

　そこで、アメリカ政府はこれらの人々に南米への移住計画を打ち出した。アメリカ太平洋科学研究所と琉球アメリカ国民政府の依頼による研究で、ティグナー博士が南米各国の沖縄出身者の活動状況を調査して1952年5月にまとめ、アメリカ政府に提出した。

　その「ティグナー報告」には、ボリビア全土の地勢、各主要都市の人口、宗教、主な産業、農業、それに沖縄人の数と生業、沖縄からの移住者の歴史などを、詳細に記している。1936年から1946年の間の輸出の中で主要なものは鉱産物で、全輸出額の94％を占めている。一方で輸入も多く、とくに農産物と加工品が49％を占めている。ボリビアは農産物の輸入が多いため外貨を流出させるから、ボリビア政府にとっても農業移民は有益だろう。開発地としてはサンタ・クルスが適し、ラ・パスという大消費地までアメリカの援助金で道路が完成しているという。

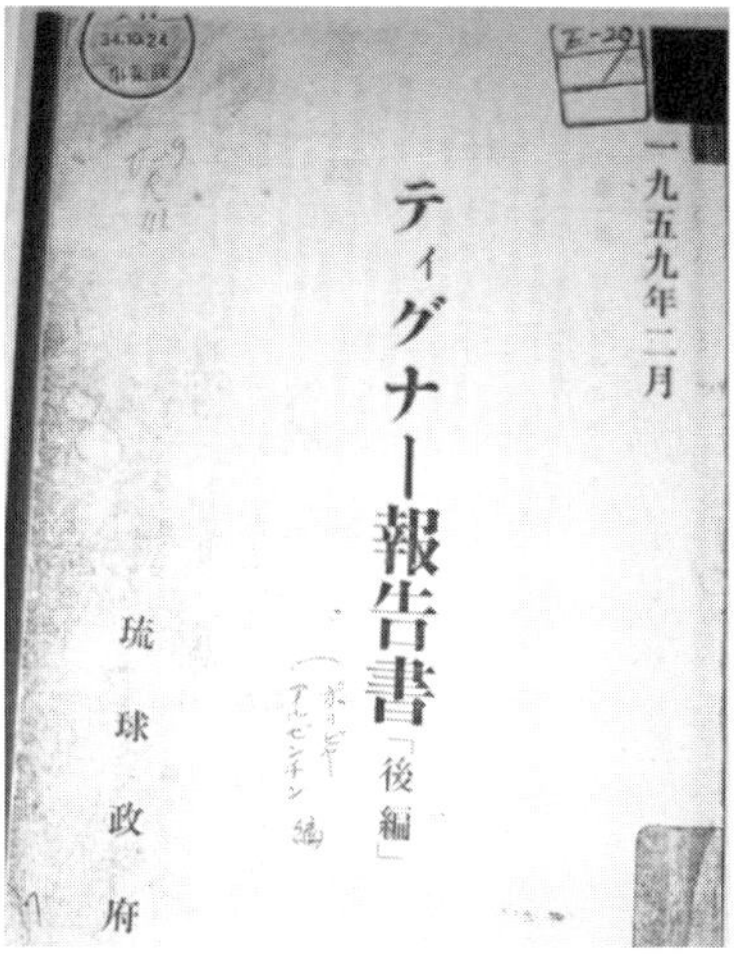

ティグナ―報告書

「『東方への進軍』を成功させるに不撓不屈の意志強固な住民を先駆者にしなければならない。琉球列島よ、この種の人力を提供せよ」とティグナー報告書（「後編」1959年2月琉球政府）は勇ましく鼓舞し、結んでいる。また、「日本人市民で組織されているうるま農産組合」の開拓計画提案書と、琉球列島アメリカ国民政府副長官室私書箱719号として『覚書　琉球人の南米移民について』が付録として添えられていた。

　覚書には、ティグナー博士の提言として、移民のために早急な措置が必要である、第1次移民団の出発時期、第1次移民の輸送費は全額、国民政府から補助を受ける必要がある、まず男子の戸主を先遣隊とし、彼らの独立時には家族の呼び寄せができる、第1次移民団が成功した暁には10カ年計画として全面的に修正される、入植成功に伴う移送費の軽減見通しなど、具体的に挙げられている。

結論として、移民計画による利益は、まず沖縄の余剰労働力の緩和である。沖縄でのアメリカ軍基地建設に伴う労働者が、工事終了とともに余剰労働力として深刻な問題になる懸念があった。1954年には1万7000人が労働人口に達し、以後5年間に毎年2万人が労働年齢になるが、雇用は欠如している。したがって、食料の乏しい人口過剰の地域へは継続的に救済を施さねばならないと指摘されている。

また、日本から南米への移住者は1899年から1937年の間に約22万5000人であり、そのうち2万5000人が沖縄出身者だったことから、これは沖縄が日本各都道府県の中でいかに貧乏県であったかを物語ると言う。また、移民による本国への送金は本国への貢献になること、アメリカ政府が移民計画を十分宣伝することにより啓蒙活動や沖縄への送金復活に貢献をすると考えられた。

覚書の最後に強調されたのが、政治安定の確保であった。沖縄の人々は伝統的に農業従事者であり土地を所有することが一生の願望であること、人口は増加するが耕地は減少していくので農業従事者にとって将来は不安定であること、沖縄の青年にとって土地所有への不満や生計への不安を伴うものであること、などを挙げた。その結果、沖縄の青年たちが共産主義に感化されやすい要素を多分に持っていると懸念した。移民計画は、海外の広大な無償の土地を青年たちに与えることが希望を与えることになり、青年たちの不安や共産主義化を防ぐためであることが、南米移住推進の裏にあった。

ティグナー博士の提案は、以上のようなさまざまな角度から検討し具体的に述べられている点から見て、照屋医師の言うように「棄民」ではなかったようだ。1950年に結成された「うるま農産業組合」に移住10カ年計画を提案し、ボリビア政府の認可があり次第、アメリカ政府へ計画を送付するようにと指示した。博士の指示に従い、「うるま農産業組合」は沖縄移民計画実現のためにアメリカ政府に協力を要請した。

1951年、「うるま農産業組合」は「うるま移住組合」と名称を変更し、法的資格を取得した。1953年8月、同移住組合は琉球政府主席に移住10カ年計画と移住者400人の入国許可取得を報告するとともに、使節の派遣を要請した。

一方沖縄では移民促進県民大会が開催され、移住への希望が高まっていた。沖縄の死活問題と捉えられ、琉球政府は中南米諸国に移民使節団を派遣し、1954年に視察団は報告書『情報―ボリビヤ移民について』に、ボリビアの移住予定地の写真や地図、ボリビアの気候、歴史、宗教、地勢、政治、産業など、多岐にわたる概況と沖縄県人の活動状況も記している。

ボリビア政府から経済援助資金が「うるま移住組合」に送金されたという知らせを受けた組合の面々は、胸をなで下ろした。これで移住を進めることができる。この資金はアメリカから送金され、返還義務のない援助金だった。共同井戸関係、住居関係、食料費、家畜購入費、種子・殺虫剤購入費、農具やトラクター購入費、医薬品費、伐採費、トラック購入費など、移住生活開始のために必要なものに充てるようにということだった。

また琉球政府が作成した移住に持参したほうがよい物についてのリストは、中古品でも全部持って行くように、家庭常備薬はもちろん食料品について沖縄では昆布をよく使うので昆布がいいと、懇切丁寧である。娯楽品は三線その他の楽器とあり、三線は沖縄の楽器だから当然としても、蓄音機を持っている人は予備の針とレコードを多く持っていくように、という件では、移民たちは原生林の開墾で電気はなかったのだから笑い話のようだという人もいた。しかし、ここには電気は早く引かれるだろう、引けるようになるだろうという予測や願いが込められていたのかもしれない。

移住地については、「うるま移住組合」が取得していたが、将来的には移住者全員の負担とすることが、琉球使節から打ち出されていた。ボリビア政府は沖縄からの移民を好意的に受け入れること、1954年8月までに400人がボリビアに到着するよう手配することの通達が出された。沖縄での移住に関する事業については、琉球政府が進めることになった。

読谷の崖、艦砲射撃の跡

憲永さんが沖縄を案内してくれた。読谷《よみたん》の海にそそり立つ崖の上で、向かい側の切り立った崖を指し示しながら言う。崖には草もなく、赤土がむき出しだった。

「あの崖の形がね、艦砲射撃で変わったんですよ」

空襲は1944年10月ごろから始まり、B52、グラマンの爆撃だったのを憲永さんは覚えている。1945年3月24日から本島南部への艦砲射撃が開始され、27日からは全島への攻撃に広がった。飛行場がある読谷地区へは、アメリカ軍艦載機が来襲した。

一緒に案内してくれた憲永さんの妹は、こう言う。

「学校へ行く準備をしていたら、サイレンが鳴って『逃げろ!』と怒鳴る声がしたんです。外に出て海を見たら、一面真っ黒。軍艦がびっしりだったんです」

読谷村から北谷《ちゃたん》におよぶ沖にやってきたアメリカ軍は1300隻もの大軍で、海の色が見えないほどだった。艦砲射撃は1週間にわたり、5000トンもの砲弾が撃ち込まれた。4月1日、読谷から嘉手納の海岸から、夕方までに6万人ものアメリカ軍が無血上陸した。ここを上陸地点としたのは、飛行場があり占領できることや海岸平野があり、兵員、物資の陸揚げが可能だからである。実際、上陸とともに読谷と嘉手納にあった飛行場はすぐにアメリカ軍のものとなった。この飛行場は日本軍が建設したものだった。

アメリカ軍の上陸とともに、住民はすぐに読谷避難を開始した。憲永さん一家も北部へ「逃げた」。こっそり馬車に布団などを積み、昼間はアメリカ軍に見つからないよう橋の下などに隠れながら、北部の山を目指した。北部の山の中で、食べものが得られず飢えと病気にさらされ、命を落とす人々もいた。そして、そこにも逃げてきた日本兵がいた。逃げる者どうしだが、日本兵は住民と親しくならない。住民を、スパイではないか、捕虜になったときには情報を漏らすのではないか、と疑いの目で見る。食べ物を分け合うこともない。

逃げるのが少し遅れた住民は、屋敷内の壕や自然壕に隠れたが、アメリカ軍上陸まもなく多くの人は捕虜となった。アメリカ軍は上陸するとすぐに島の南北を分断したため、北部へ疎開することができず、やむなく南部へと移動した。南部は逃げる人々が集まっているうえに、日本軍、アメリカ軍も加わって人口がふくれた。その密集した地域での戦争は兵士どうしの戦争の場ではなく、逃げ惑う住民と日本軍、アメリカ軍がもつれ合い、修羅場と化した。

「教育は怖いです。戦争は絶対いや」

戦跡記念館の一つで、憲永さんの妹は言う。妹さんはガマに入ることはおろか、勇気を出さないと顔をガマに向けることもできないようだった。ガマとは自然洞窟である。

「この記念館を見ると、ガマでのこと、沖縄戦のことをどうしても思い出してしまうんです。それが辛くてたまらなくて」

そう言う妹さんの表情は、とても辛く、悲しそうだった。

読谷村は95％が占領され、基地となった。読谷村にある楚辺《そべ》通信所の「ゾウの檻」は、土地の強制使用期限切れのときにニュースとなり、全国に知られるようになった。憲永さんが指差す先に、鉄塔が丸く立ち並びその通信所はまさに檻に囲まれてあった。周囲は、林やサトウキビ畑である。

戦争は終わったが、住民はアメリカ軍の捕虜となった。捕虜収容所はとても粗末な建物で、野戦用テントを張ったものや掘っ立て小屋など急ごしらえで、食料、衣服、医薬品などの配給は必要最低限だったため栄養失調になる人も多く、マラリアで死ぬ人も少なくなかった。憲永さん一家も捕虜になったが、アメリカ軍の扱いは人道的で食料なども配給してくれた。

「アメリカさまさま、こういう人間味のある待遇をしてくれるのか、と思えるほど、びっくりしました」

憲永さんの身近でも、日本軍は住民の食べ物を没収したり「ガマから出ろ」と避難民を追い出したりし、住民がさまよった例がたくさんあった。

「情けないですね。同じ日本人とはとても思えないような行為を日本軍は住民にしたんですから」

山中を逃げているとき、ようやく見つけたわずかな芋を近くにいる人に分けようとすると、兵士からビンタが飛んできた。

「一般兵も、ひもじい思いをしていたんですね。兵士の中にはあげても食べない人がいました」

憲永さんのお連れ合いの利江子さんは、こう言う。

「食べ物もないんですからあれでは戦争はできませんよ。でも、日本の軍隊は、もう、本当にいやでした」

憲永さん夫妻とさまざまな話をするうちに、ふと憲永さんがこう聞いた。

「あなたは神奈川県でしたよね。神奈川も基地が多いですね」

「はい。私の家の上を、横須賀アメリカ軍基地からの戦闘機が飛びますね」

と私は答えたものの、このとき神奈川県は沖縄に次ぐ2番目にアメリカ軍基地が多いが、いくつあるかは知らなかった。神奈川県内にアメリカ軍施設は17カ所、17施設あり、沖縄に比べればその数は圧倒的に少ない。

神奈川県でも人口が多い横浜市の住民は他県から来た人が多く、あまりアメリカ軍基地については知らないかもしれないし、興味がないかもしれない。三浦半島の山の中に弾薬庫があったが閉鎖された。横須賀基地にアメリカ軍の空母が着くと県内の厚木基地か東京の横田基地に向かうのだろうか、よく軍用機が頭上を飛ぶ。ある晩、頻繁に軍用機が飛んだ。住宅街の夜はたいへん静かだから、いやでも爆音は耳に入る。何か起こったのだろうかとニュース番組を見たが、何も報道はない。翌朝のトップニュースは、湾岸戦争開戦だった。

移住は自分が成長する糧、一生懸命やったから今がある

徳昌さん、トシさんは、1987年にはじめて沖縄に帰った。日本に到着したとき、日本は狭いと感じた。道路も狭いから、掃除しているとき車が来ると体を引っ込めないと危ない。歩くときには車にひかれそうで、ひやひやした。記憶にある屋敷も縮んだような気がした。

「家も道路も、もっと広かったような気がしたんですが」

沖縄は高速道路ができ、昔の面影を見つけるのが大変なほど変わっていた。現在の沖縄を知るにつけ、ボリビアのオキナワ村について考える。良いところを残しながら、今後どのように良い村にしていくかが課題だと徳昌さんは言う。

「昔の沖縄のような村を作ることが、理想です」

昔の沖縄は、知人が通ると呼び止めお茶を出してしゃべる。時には仕事にならないぐらいの人情味がある村だった。お産のときは、豆腐を持ち寄って産婦に順番であげた。オキナワ村に移住してからも、客が来ると豚1頭をつぶしてもてなし近所にも分けた。

「村は変わっていないが、人が変わった」

昔は人をかまい過ぎたが、今はかまわなさすぎるのだという。環境が良くなりすぎると発展しないのではないか、とオキナワ村の将来を徳昌さんは少し憂える。

「ブラジルに住む叔父にブラジルへ来いと言われたこともありますがね。ボリビアには選ばれ

てきたんだ、これは使命だと思っとりましたからね」

苦労の連続だったが、どんなに苦しいときでも家族、それにウチナーンチュウがまとまっていれば何とかなる、と自分を励ましてきた。

「開拓者というものは、犠牲がつきものです。ここへ来たのはね、押しつけられたのではない、自分が選んだ道です。たとえ政府が奨励したとしてもね」

3度移動しここに落ち着いてから、人を良いところから見るようになったと、感慨深そうに言う徳昌さんとトシさんである。

「ここの人たちに助けられて、僕らがあるんですよ」

ボリビア人は、おおらか、つまりはのんびりしており、時にはけじめがないように思えるが、ボリビア人の気長なところを見て徳昌さんは「これじゃいかん」と、自分のせかせかした気持ちを反省した。そして、反省のたびに少しずつ変わってきたような気がする。

「知らず知らずに同化するんでしょうか。でも、沖縄人の良いところ、責任感、まじめ、きびきびと仕事をする、けじめってもんは忘れちゃならんと思います」

徳昌さんは1922年生まれである。かつて満蒙開拓義勇軍として満州に渡った。日本の敗戦でシベリアに抑留された。満州の気候は厳しかったが、シベリア抑留は満州の気候以上に厳しかった。

オキナワ村の気温は、沖縄に近い。開拓し生活するうえでは、そばに大きな消費地を控えているので立地条件も環境も良い。はるか向こうにうっすら煙る山々まで、広々とした平原である。

「使命だと思っていたけど、結果としては自分のためだったと、今は思います」

移住する前はブラジルに魅力を感じたがボリビア行きに選ばれ、選ばれたからにはボリビアに来ることが使命だと思っていた。しかし、振り返ってみると苦労も自分が成長する礎になっていた、ということだろう。

正次さんとトミさんも日本へ行ってみた。

「研修や家族に会いに、沖縄へ5回ほど行きました。日本は小さいですよ。私には、小さいところでは仕事はできませんね」

正次さんは、金ができると畑を買い増していった。以前は馬で畑を見回ったが、500町歩になった今は車で巡回する。1日1回、見回る。見ていないとボリビア人の労働者たちがすぐに怠けるからだと言う。

「なーに、一回りするのに半日あれば足りますからね、あとは魚釣りしたり、ゲートボールをしたり。所々に大きな沼や池があるんで釣り場には困らんですよ」

オキナワ村はサトウキビ畑、大豆畑、ひまわり畑がどこまでも続く。時折、釣り竿をトラックに積んだ男性とすれ違う。

正次さんが「トミさんには苦労をかけたが、こちらへ来て良かった、感謝する」と言ったことがある。トミさんはとても嬉しかったと、にこにこしている。

「一生懸命やってきたから、今日があるんだと思います」

と言う正次さんの傍らで、トミさんも頷く。

元気でやってきた。自分たちは大きな病気をしなかった。それが幸いだった。夫妻の子ども何人かは日本に「出稼ぎ」に行っている。オキナワ村に残った子どもたちは、牧場を作るのだと牧草の苗を持って張り切った。子どもは1700町歩も手に入れたのだと、正次さんは目を細めて言う。牧場の資金を貯めるため日本に「出稼ぎ」に行った3男は、オキナワ村に帰ると連絡をくれた。牧場を始めるに当たって、正次さんは営農のためのお金を援助した。トミさんは話しながら、これまでを振り返ってみると、涙ぐみそうになると言う。

二つの「帰る場所」——ボリビアと日本を往復して暮らす

正次さんとトミさんの娘、孝子さんは日本とボリビアの両方の国で暮らし、現在は日本で暮らしている。両方の国に住んだ今、それぞれの国の暮らしの良さがわかる。孝子さんにとってボリビアも日本も、両方とも「帰る場所」になっている。

孝子さんは日本で生まれ、2歳のときに両親に連れられてボリビアのうるま移住地に渡った。日本国籍だが日本の記憶はないので、1度日本を見たいと思っていた。移住した人々の近親者や支援者によって結成された「沖縄県海外移住家族会」が、パラグアイ、ドミニカ、アルゼンチンなどの移住家族を研修のため日本に招聘していることを知った。孝子さんの姉も沖縄で研修を受け日本の話を聞いていたこともあり、応募し面接を受けたところすぐに許可が出た。1980年の研修派遣者枠はもう埋まっていたが、たまたま空席が出た。運が良かったと孝子さんは言う。

研修は洋裁だった。孝子さんは、ボリビアの中学校で洋裁を教えていた。1年の研修期間が終わりボリビアに帰国したとき、オキナワ村にも電話が通じていた。たった1年ボリビアを留守にしただけなのに、1年の文明化はすごいものだと感心した。両親への土産は、待ち時間に音楽が流れるしゃれた電話機にした。両親とも今もその電話機を大事に使ってくれている。

1985年、孝子さんは再び日本へやってきた。ボリビアではハイパーインフレが起こって物価がめまぐるしく上がり、生活が苦しくなる人も多く、日本への出稼ぎが南米ではブームになっていた。日本でひと働きするとボリビアでもブラジルでも家が建つ、と噂されていた。弟も日本で働いている。しかし弟に頼らず1人で生活しようと考え、さっそく職安へ行って見つけた下請け会社の仕事が1日6000円になったのをよく覚えている。会社で知り合った男性と翌年結婚し、子どもが生まれた。孝子さんは日本でできる限り働いた。

「父も母も、よく働いていました。遊ぶこともせず。そんな両親の背中を見ていたからですか、私も働かねば、と子どものころから思ってきました」

最近まで、昼間の仕事のほかに夜、パン製造工場でパンの仕込みの仕事をしていた。昼も夜も働くのはかなりきつく、腰は痛いし体の調子が悪くなったので夜働くのはやめたが、それでも熟練した孝子さんは頼りにされ、週2日、近所のパン屋で働いている。

子どもの成長に合わせて、小学生のときには沖縄の菓子、サーターアンダーギーを作って売った。いつも新しい油をふんだんに使うからおいしいのだ、1度使った油をまた使うと胃もたれするのだと、孝子さんは胸を張る。ボリビアでよく食べる「エンパナーダ」というミートパイも、日本人の口に合うよう工夫して作った。これは珍しいしおいしいので子どもたちの学校で評判になり、「子どもにせがまれたので」と40分も歩いて買いに来た母親もいるほどだった。

上の子どもが小学校1年生になるときに、日本を引き上げ、ボリビアで暮らすことにした。子どもたちはボリビアの生活にカルチャーショックを受けたようだ。生活の仕方から習慣、何もかもが違う。日本のように物がないし、不便なことが多い。

孝子さんは、生活のために働かなくてはならない。何をしようかと考えていたとき、メロンパンがあると聞いてさっそく買ったが、日本で食べたようなメロンパンにはほど遠かった。上はかりっと、中はふんわりしなければメロンパンではない。孝子さんはパン屋で働いて覚えたパン作りを思い出し、オーブンを購入してパン屋を開くことにした。ボリビアの気候がちがうためパン種の発酵具合が日本とは違い、何度も失敗した。材料費だけでも高額になったが、ようやく客に出せると思えるパンができた。あんパンやクリームパンも作った。それを、オキナワ村にある農牧総合協同組合に卸して売ったところ、日系人たちからは懐かしがられ、ボリビア人からは今までにない味でおいしいと、好評だった。しかし、日本であれほどおいしくふんわり膨らんだパンが、ボリビアでは思うようにできなかったから孝子さんは不満だった。ボリビアの小麦粉と日本のとはずいぶん違う。日本の小麦粉は製粉技術がよいので、粒子が細かい。だから口当たりが良いしふんわりするのだと孝子さんは考えている。それでも最近、オキナワ村の農牧産業組合が小麦粉の挽き方を工夫し、細かくなってきた。

孝子さんのパンは売れ行きが良かったが、8カ月後、子どもたちのために日本に帰ることにした。オキナワ村は亜熱帯なので蚊が多い。暑くなるにつれて蚊がどんどん増えてきた。ボリビアの蚊に慣れていない上の子どもが、蚊に刺されると痕がひどくなり熱まで出るようになった。医者に通い、注射を打ち、それでも子どもは泣き止まない。夫が先に「出稼ぎ」に日本に帰国して仕事と住まいを見つけ、あとから孝子さんと子どもたちが日本に帰った。

「ボリビアではね、やりたいと思うことがあってもできないんですよ。まず、材料がない。パン用の小麦粉のようにね。いろいろ工夫してみましたけどね、ないものは、ないんです。自分1人頑張ったって、手に入らない」

その点、日本は何でも手に入るのが良いという。ただし、お金があればね、とつけ加えた。知識についても日本には図書館という便利な物があって、ただで多くの本を読むことも借りることもできるから、勉強する気があればいくらでも学ぶことができる。その知識を元に、試すこともできる。頑張って働けば、手に入ることが良い点だと孝子さんは言う。

一方で、ボリビアでの暮らしを思い出すとき、ボリビアでの生活は大変だったが楽しいことを見つけ楽しんできたし、ボリビアで育って良かったと思っている。昔は、道路は舗装していなかったので、雨が降ると土は湿ってつるつるになる。学校帰りに友だちとその地面をすべりながら歩いたことが、とても楽しかった。何日も雨が降らず乾くと、道路は土埃が積もったようになる。その土埃の中にはいろいろ跡が残っている。大きな足跡、小さな足跡、自転車のタイヤの跡、車の跡、トラックの跡。それらの跡が交錯して、幾何学模様、ぎざぎざの花模様とすばらしいデザインがあった。車の往来は少ないから、模様を見ながら歩いても危険ではなかった。木の上に布を張り巡らせた秘密基地も作り、そこでお弁当を食べるのが楽しみだった。よく、ジャングルに分け入って遊んだ。怖い思いもしたが、おもしろくもあった。遊びは、自然が相手だった。

音楽で使う笛のリコーダーを、家のポーチにある安楽椅子に座って星空の下で吹いた。静かな夜、笛の音がどこまでも流れていく。吹き続けていると、やがて日は沈み空は満天の星になる。空気がきれいで、その星の数といい瞬きといい、恐ろしいほどきれいに瞬いていた。流れ星が飛んだ。いくつもいくつも流れていく。リコーダーを吹くのも忘れて、流れ星に見とれた。

下校する生徒たち

移民したころの食べ物で覚えているのは、トカゲ、蛇、猪、鹿、ワニ、それにアルマジロ。ボリビアではアルマジロはよく食べられている。固い皮はチャランゴというウクレレに似た楽器になる。たくさん捕れると家では食べきれないので、よく隣近所に分けた。バナナ、ミカンも豊富だった。当初、バナナがふんだんに食べられるのが嬉しくて、さあ、食べるぞーと張り切ったが、来る日も来る日もバナナだったから、じきに飽きてしまった。日本の沖縄の親戚を訪ねたとき、せっかく来たからとグレープフルーツを買ってふるまってくれたが、ボリビアではいつも家にあるおやつだから、内心苦笑した。

家は、はじめは簡単な作りだった。山の木を切り柱にして、ヤシの葉を屋根に葺く。よく、家の中に猿やナマケモノが入り込んでいた。寝ていても蛇は入ってくる。動物も日常生活の一部だから、別に驚きもしなかった。

現在のオキナワ村は、孝子さんの子どものころより開発が進み、畑が増え、森は消えた。

「雨が降らないって弟たちは言うけど、当たり前ですよね。私たちがボリビアに行ったときには、あんなに鬱蒼として暗かった森がもうないんですもの。木がなければ土地は乾くだけ。今、兄は木を植えてます」

変化しているボリビアではあるが、帰ったときに豊かな自然を見るとホッと一息つく。そんなとき、ボリビアは「故郷」だと思う。

15歳ごろのことだ。アルゼンチンに行ったとき、ボリビアが生んだチャランゴの巨匠、エルネスト・カブールの率いるグループの音楽を聞きに行った。ボリビア国歌の演奏のとき、孝子さんは鳥肌が立ち全身が震えた。体の隅々にまでこの曲が染み渡っているのを実感した。夢中で拍手し、何度もアンコールをした。ボリビアが好きなのだと改めて実感した瞬間だった。

「日本は便利だけど忙しすぎる。人々は細かいことまで気にする。そんなに目先だけにこだわっていると早く年取るよ、と思いますよ。水もボリビアの方がよかった。日本では風呂に入ると体中かゆくなるんですよ。水のせいじゃないですかね。ボリビアの方が、自然の中で暮らせるからねぇ」

ボリビアに帰りたいと思うけどねえ……と、孝子さんは思案顔である。孝子さんは、育ったボリビアが「故郷」だと思っているが、ボリビアに帰って何をするか。子どもたちは日本で生まれ、日本で働いている。ボリビアに移り暮らしたが一時的で、子どもたちは日本で暮らし、日本の文化をしっかり身に着け、すっかり日本人になっている。孝子さんの心は揺れ動き、なかなか結論が出ない。

日本に根を下ろす

横浜市で「南米料理と沖縄料理」という看板を掲げるレストランを営んでいる美枝子さん夫妻は、ボリビアから日本に来て20年近くになる。ボリビア料理が中心だが、客は南米から来た人々がよく来る。南米の人たちにとって、南米を思い起こせる懐かしい「場」である。美枝子さんの

リベラルタの日本人慰霊塔（ボリビア日系協会連合会元事務局長、佐藤信壽さん提供）　1964 年に日本大使館が初期移住者の無縁墓を一つにまとめて建てた慰霊塔。リベラルタはボリビアの北北東、アマゾン熱帯雨林地域にある川港の町で、19 ～ 20 世紀にゴム集積地として栄えた。ペルーの日本人移民がリベラルタへと逃亡、ゴム産業に従事した。

サルテーニャは評判が良い。サルテーニャとはひき肉とホックリしたジャガイモが入った塩味の、クミンの香りがするミートパイのようなものだ。パイ生地を作るのに時間がかかるという。パラグアイ、アルゼンチンでも軽食やおやつとしてよく食べられている。

お連れ合いは日本企業の通訳と衛生管理の仕事のため、3年契約で日本で働いていた。美枝子さんはお連れ合いをボリビアで待つより、子どもたちと一緒に日本で暮らすことにした。到着した翌日、すぐにスーパーへアルバイト探しに行った。日本語は完璧だ。半年ほど、朝10時からスーパーで働き、さらに夕方5時から8時まで、商店の店員として働いた。

洋裁はプロだからデパートで縫い子として働いたこともあるが、3カ月ほどで老眼が進んだのか急に針の目が見えなくなってきた。目が見えなくなるのではと不安に駆られ、洋裁の仕事はやめた。エステサロンの電話セールスもやったがノルマをこなせず、持ち出しになったのでやめた。葬儀場での接待の仕事と店員を掛け持ちで働いたこともある。

介護ヘルパーという仕事があるのを知ると早速学校へ3カ月通い、介護ヘルパー2級の資格を取った。日本語を話すことは問題ないのだが、答案を書くことには苦戦した。久々の学生になってみると、弁当を持って行くことも先生の話を聞くことも、クラスメートがいることも、すべてすばらしくて、毎日うきうきした。76歳の先生が赤いパンプスを履き、ピンクのスーツを着ていて、とても素敵だったことを今も思い出す。どこか、母の面影に厳しさを加えたような感じがとても懐かしくて、先生の授業が楽しみだった。午後の授業は眠くなったが、先生の熱気にはっと目が覚めた。あまりにも楽しくて、3カ月間の学校生活が終わるのがいやになるほどだった。

資格を取ると介護ヘルパーの仕事が舞い込んだ。家から30分歩いて利用者の家に行く。午前1時間、午後1時間で計2時間の仕事だが、通勤に往復2時間かかったので疲れてめまいが起こり、その利用者宅の仕事をやめた。

「いろんな仕事をしてきましたけど、いつも楽しかったし、いつも仲間に恵まれたし。仕事からは学ぶことがたくさんあります」

今も、美枝子さんは介護ヘルパーとレストランとを掛け持ちしている。以前は朝7時半から身体が不自由な人の送迎をしたが、介助に力が必要だったためか腕が上がらなくなってしまった。それに、疲れて朝起きられなくなり遅刻が増えたため、朝早くからの仕事は断念した。ヘルパーの仕事は、今も午前中、買い物、掃除など、軽い仕事だけにしている。それでも睡眠時間は毎日5時間しか取れない。

「子どものころは移住地で働いて働いて、でしたからね、だから、これぐらいは何ともありません」

だが疲れはたまり、この先どのように仕事をしようかとよく考える。子どもたちのことも気がかりだ。子どもたちはボリビア生まれだが、日本の生活が長くなり、ボリビアのことをあまり知らない。ボリビアへ帰ろうかと思ったこともあるが、子どもたちは友だちと離れるのがいやだと言うので、ついつい日本に長居をしてしまった。気がついたときには、子どもたちは日本で仕事に就き、結婚し、その子どもも生まれていた。すると、美枝子さん自身が日本を離れられなくなっているのに気がついた。日本で暮らし、日本の教育を受けた子どもたちは、どうやらボリビア人という意識が薄くなっている。しかし、日本人というよりはウチナーンチューだと思っているようだ。

美枝子さんの店がある横浜市の鶴見区は横浜市で2番目に外国人が、それも南米出身者が多い。中でも沖縄にルーツを持つ人が多いのが特徴だ。

鶴見区は京浜工業地帯を抱えており、戦前から沖縄の人たちが働きに来ていた。明治30年、海の埋め立てが始まり、多くの人手が必要とされていた。一方、沖縄は土地整理法により土地を失った人たちが沖縄県外や海外へ移住をした。鶴見区も移住先の一つで、埋立地には財閥により工場が作られやがて一大工業地帯へと発展した。大正時代、沖縄はサトウキビ栽培が盛んだったが砂糖の暴落により大打撃を受け、困窮した人々は鶴見の工場で働くため鶴見に移住し、沖縄のコミュニティができていった。1980年代末から日本はバブル景気となり、1990年の入国管理法の改正で日系三世に日本での就労ができる在留資格が与えられた。「出稼ぎ」で日本に来た沖縄出身の人々は同じ沖縄の人々を頼って鶴見に住み、その「出稼ぎ」の人々を頼ってさらに南米から「出稼ぎ」の人々が住むようになった。

鶴見区の商店街を歩くと三線の音が聞こえる。沖縄の食品の店や、沖縄の飲み物の自動販売機がある。沖縄料理、ブラジル料理、ボリビア料理、ペルー料理、ブラジルの食品店など、沖縄と南米が混在し、「南米タウン」ともいわれている。

オキナワ村農業の推移

1953年4月、移民使節の瀬長浩氏は『情報9号——ボリビヤ移民について』という調査報告書に、ボリビアの面積、人口、歴史、政治、畜産などの概況をはじめ、サンタクルス州やオキナワ移住地の気候、衛生、害虫・害鳥・害獣、沖縄県人の状況などを記した。入植計画、開墾、ボリビアの援助、公共施設、農業、農産加工業の有望性のほか、営農の基本方針は、1移民団の自給態勢の早急な確立、2共同施設の設営と充実、協同組合の強化、3後続移民の受け入れ準備、4安定した独立の定着農家の創設を提言している。はじめは自給自足でトウモロコシ、マンジョカ（キャッサバ）などを栽培し、養豚養鶏、並行して米、野菜を、つぎに養豚でラードを主要換金物とし、ミカン類、バナナ、コーヒーなど永年作物で副収入源を確保する。各種野菜、綿花、ピメンタ（コショウ）、せん維作物、甘蔗、たばこなどを試験的に栽培し、養蜂、養鶏、養蚕等も研究して換金事業を探求するとある。

実際、移民当初、米とトウモロコシを自給のために栽培したところ米は評判がよく、換金作物となった。ミカンも永年作物として植えた。養豚、養鶏は複合農業として採り入れた。棉は、集中的に降る雨でせっか

沖縄風の熱田食堂（ボリビア日系協会連合会事務局長安仁屋滋さん提供）

トリニダ中央公園（ボリビア日系協会連合会元事務局長、佐藤信壽さん提供）
20世紀初期、ゴム景気に沸くトリニダにペルーからの日本人単身者が定住。地元民と混血して日本人社会を形成。日本語は使われていない。

く咲いた棉の花がみごとに枯れてしまった。

農産加工業では、ラ・パス在住の沖縄県人たちが醸造や清涼飲料などの中小加工業に従事しており、将来、サンタ・クルスに加工業が進出するだろうと推測している。加工業は人口が密集している高地、ラ・パスなどでの消費が有望だが、輸送費がかかるので価値の高い物を出すように提言している。有望加工業として製粉（トウモロコシ）、精米、でん粉製造（マンジョカ）や、落花生、大豆、ひまわり、綿実などの搾油、果物ジュース（パイナップル、みかん類）、黒糖製造、アルコール、なめし革、製綿などを挙げている。

以上の提言の中で、オキナワ村農牧組合は大豆油の搾油工場を建設し、付加価値の高い加工業を達成した。１９９５年には、米、大豆、トウモロコシ、サトウキビ、小麦、ソルゴー（雑穀の一種。背丈が２・５ｍと高い。１・５ｍ程度の種類をソルガムという）、ひまわりなどを栽培し、牛、豚、鶏、馬も飼育している。ほかにジャガイモ、甘蔗、サイザル麻、永年作物として柑橘類、パイナップル、バナナ、パパイヤのほか、マカダミアナッツも導入され、作物の範囲は広がっている。

養鶏は１９８０年ごろまでさかんだったが鶏に疫病がはやり、断念した人が多かった。現在では、サンタ・クルス市郊

『ボリビアに生きる』日本人移住100周年記念誌（1899年ペルーからの日本人移民が始めとされ、100周年記念として1999年に発行された）

外にある日本全国からの移住地サンファンで大規模に行っているので、競合しないよう複合農業の範囲に留めているそうだ。農業経営の安定につながるのでコロニア・オキナワ農牧総合協同組合は畜産を導入し、牧草地は増え、畜産が盛んになっている。2002年、飼育牛は推定1万頭となり、半数の農家が牧畜業と畑作を営んでいる。

2002年には、大豆の作付面積は栽培面積の77・6%を占めている（国際協力事業団『移住事業国別調査報告書』）。穀物乾燥貯蔵サイロ、搾油向上、飼料工場、種子選別施設が建設されている。1戸当たり平均土地面積は234ヘクタールで、移住時の約束である1戸当たり50ヘクタール（50町歩）を達成し、大規模農業経営になっている。

◉ボリビア多民族国の歴史

先史文明　チチカカ湖（標高3,810m、ペルー領60％、ボリビア領40％）畔を中心に遺跡が残っている

紀元200年ごろ～12世紀初め、ティワナク文化

15世紀　ケチュア族のインカ帝国が支配

1533年　インカ帝国滅亡。フランシスコ・ピサロ（スペイン）らによる

1545年　アンデス山脈で銀山（ポトシ銀山）発見。鉱山業が発展

1809年　スペインからの独立運動（現地スペイン人たちによる）

1825年　独立、ボリバル共和国となる

1826年　憲法発布。シモン・ボリバル（ベネズエラ生まれ）が草案作成

1836年　ペルー・ボリビア連合国を樹立したが1839年崩壊

1879～84年　チリと「太平洋戦争」。1884年休戦条約。太平洋沿岸の領土を失い内陸国家となった。現チリ領内アタカマ砂漠で硝石鉱床の採掘権をめぐる争い。チリはボリビアとペルー（ボリビアがペルーに応援要請）に宣戦布告

1889年　「アクレ紛争」。アマゾン流域のゴム業者がアクレ地方の分離独立を宣言したことによる

1903年　ブラジル、ボリビアの主権地域を占領。ブラジルとの条約締結。200万英ポンドの補償金と同地の鉄道敷設権と引き換えにアクレ地方19万㎢をブラジルに割譲

1932～1935年　「チャコ戦争」。パラグアイとの国境未確定地帯グランチャコ地方にあるという石油開発独占のためしかけた戦争。アメリカの仲介により終結。ボリビアは24万㎢を失い、犠牲者は6万5,000人。軍部の権威失墜、白人支配層に対する嫌悪感が拡がる

1952年　革命。正規軍解体。錫財閥解体、普通選挙導入、無償教育の普及などに取り組み、先住民の国家への統合を目指す

1964年　軍によるクーデター

1966年　ボリビアで革命運動を起こそうとしたチェ・ゲバラ、農民層の支持や鉱山労働者との連携に失敗。1967年、ボリビア政府軍に射殺された

1982年　民政移管。経済破綻。ハイパーインフレ。貧富の格差が拡大。先住民を中心とする反政府運動が頻発

2005年　左派の社会主義運動（MAS）の先住民エボ・モラレスが大統領となる。ボリビア史上初の先住民出身大統領

2009年　新憲法制定。先住民の権利拡大、地方分権推進、農地改革・土地所有制限、天然資源の国家所有等を定め、国名を「ボリビア共和国」から「ボリビア

多民族国」に変更。大農場主から接収した東部平原地方の土地の所有権を先住民に引き渡し

2010年　モラレス大統領、第2期政権（任期5年）

2000～2014年　国際資源価格の高騰で経済成長が安定し、外貨準備高増大などマクロ経済面での健全化が達成されたが、2014年後半から天然ガス（輸出額の40％以上）の国際価格急落で資源収益の減収や公共支出の増加による財政赤字が問題化

2015年　モラレス大統領、第3期政権

2016年　モラレス大統領の再々選を可能にする憲法改正国民投票（否決）

2017年　MAS党、大統領、副大統領、国会議員、県知事等の再選禁止に関し、憲法と選挙法の条項が米州人権条約に違反すると憲法裁判所に申立てた。憲法裁判所は違憲申立てを認め、大統領職ほかの無期限再選が可能となる

2019年　大統領選でモラレス大統領が再選されたが、不正選挙疑惑から抗議デモが勃発。大統領辞任。右派のアニェス暫定大統領が就任、暫定政権発足

2020年　ルイス・アルセ元経済財政大臣が大統領就任。左派政権。ベネズエラとの国交回復、アメリカからの自立を目指す地域主義・地域統合の米州ボリバル同盟、南米諸国連合からの脱退取り消しを表明し、モラレス元政権下の外交方針へ回帰。新型コロナウイルス感染症対策、経済活性化（とくにエネルギー、リチウム、バイオディーゼルプラント建設をはじめ輸入代替産業の強化を目指す）

2024年　汚職容疑で解任されたスニガ元軍司令官らによるクーデター未遂が発生

4章 二世牧師の活動
——アルゼンチン共和国で

アルゼンチン共和国（出典：外務省、東京都立図書館、在アルゼンチン日本国大使館、アルゼンチンを知るための54章（アルベルト松本著　明石書店）、wikipedia、農林水産政策研究所[主要国農業戦略横断・総合]プロ研資料 第12号（2019.3）第3章 アルゼンチン―農業・貿易の動向―中村出）

面積：278万㎢（日本の約7.5倍）／人口：約4,623万人（2022年、世界銀行）／首都：ブエノスアイレス
民族：欧州系（スペイン、イタリア）97％、先住民系メスティーソ（混血）3％、その他ドイツ人、スラブ人、イギリス人、フランス人、そして少数だがユダヤ人、先住民、アラブ人、アジア人など
言語：スペイン語／**宗教**：カトリック等／**政治体制**：立憲共和制
元首：2023年12月10日から任期4年。連続再選は1回限り可
議会：2院制　上院72議席（任期6年）、下院257議席（任期4年）。上院議長は副大統領が兼任
主要産業：農牧業（油糧種子、穀物、牛肉）　工業（食品加工、自動車）
GDP（国内総生産）（名目）：6,328億米ドル（2022年、世界銀行）
1人当たりGDP（国内総生産）（名目）：1万3,686米ドル（2022年、世界銀行）
経済成長率（実質GDP）：5.2％（2022年、世界銀行）
物価上昇率：72.4％（2022年、国際通貨基金）
失業率：7.0％（2022年、国際通貨基金）
総貿易額：輸出884億米ドル　輸入815億米ドル　（2022年、アルゼンチン国家統計局）
主要貿易品：
輸出　農畜産物加工品（大豆油かす、大豆油、ワイン等）、牛肉、穀物（とうもろこし、小麦、大豆など）、自動車と部品、貴金属（金など）、燃料（原油など）、水産物
輸入　自動車と部品、燃料（ガス、軽油など）、医療用品、電子機器・機械類と部品、農業資材（除草剤、肥料など）
主要貿易相手国・地域：（2022年、アルゼンチン国家統計局）
輸出　ブラジル、EU、中国、アメリカ、チリ　　輸入　中国、ブラジル、EU、アメリカ、ボリビア
通貨：ペソ／為替レート：1米ドル＝350.00ペソ（管理フロート制、2023年8月31日現在）
対外債務：2,765億米ドル（2022年、アルゼンチン国家統計局）
主要援助国：ドイツ（24.59）、フランス（10.56）、イギリス（5.75）、日本（4.56）、アメリカ（4.26）（2019年、OECD/DAC、単位100万ドル）
日本との経済関係
対アルゼンチン貿易：輸出1,544億円　輸入1,246億円　（2022年財務省「貿易統計」）
アルゼンチンへの貿易主要品目
輸出　自動車部品、原動機、自動車、有機化合物など
輸入　魚介類、アルミニウム・アルミニウム合金、果実、こうりゃん（飼料用）など
在アルゼンチン日本人数：1万1,189人（2022年、外務省「海外在留邦人数調査統計」）
在日アルゼンチン人数：3,017人（2022年、法務省「在留外国人統計」）
日系人数：約6万5,000人
日本とアルゼンチン2国間条約・取り決め、関係
1898年外交関係を樹立　1962年査証免除取り決め　1963年移住協定　1967年友好通商航海条約　1976年海運及び航空所得相互免除取り決め　1981年技術協力協定、文化協定　1998年外交関係樹立100周年
日本のアルゼンチンへの援助実績（政府開発援助（ODA）国別データブック　2021年）
有償資金協力（2020年度まで、E/Nベース）　81.50億円
無償資金協力（2020年度まで、E/Nベース）　68.91億円
技術協力実績（2020年度まで、JICAベース）　504.06億円
概要
国名はRepública Argentina（レプブリカ・アルヘンティーナ。アルゼンチン共和国）。通称、Argentina（アルヘンティーナ）。「Argentina」は、ラテン語で銀を意味する「アルゲントゥムArgentum」に地名を表す女性縮小辞tinaを添えてできた。ラテン語由来としたのは、かつて征服されたスペインの圧政を忘れたいからともいわれる。公式英語表記はArgentine Republic。英語ではアージェンタインと読み、通称Argentinaは英語でアージェンティナ、日本語の読み方でアルゼンチン。国内を流れる大河がラプラタ川（銀の川）と名付けられたことから。国旗中央の黄色い太陽は「五月の太陽」と呼ばれ、独立のシンボル。水色は海と空を表し正義、真実、友情を象徴。水色と白は革命軍の軍服の色。19世紀後半～20世紀初頭ヨーロッパ移民を誘致したためイタリア、スペインなどヨーロッパ系が多い。20世紀初め富裕層の子女をイギリスやフランスなどへ留学させたため、文化はヨーロッパ的。

日系人が集まる教会でメッセージを送るヨナミネ牧師（ルイス・ヨナミネ牧師提供）

教会に集まった日系人たち

　ブエノスアイレスにある恵《めぐみ》教会では、ルイス・ヨナミネ牧師が日本語でメッセージを送り、お連れ合いのマリサ牧師がスペイン語でメッセージを送る。日本語は日系人の、とくに高齢の人々のためであり、スペイン語は日系人やアルゼンチン人の、おもに若い人たちのためである。ゴスペルはドラムスありギターありで、人々は立ち上がり、頭上で手を大きく振ったり体を揺らしたり、目をつぶって祈りながら、それぞれの思いを込めて歌っている。

　礼拝が終わっての交流会では高齢の人たちのグループがあちこちにでき、若者たちもそれぞれグループになって話し込んでいる。みな、週に1回の教会での集まりを楽しみにしているようだ。テーブルには、持ち寄った一品料理が並んでいる。巻きずし、ちらしずし、肉のソテー、煮もの、サラダ、デザートにはカットした果物やスポンジ・ケーキ、生クリームを飾ったケーキ、クッキーなど、ほとんどが手作りである。

「日本から来たんだって?」

「よく来てくれましたね」

食事の合間に、高齢の人たち、とくに女性たちが次々に私に話しかけてきた。みなにこやかに、時に懐かしそうな表情を浮かべ、温かな声だ。

「私はボリビアから来たんですよ。転住です」

転住とは、初めに入植した地を離れて別の地に移り住むことで、作物が取れなかったり事業を失敗したりするなどやむをえず移った人が多い。日本人はすぐには諦めず、できる限りその地で頑張る。その途方もない努力が実らずに移らざるをえなかったのだから、入植した地での苦労は計り知れない。パラグアイでも一時期不作が続き、畑を手放してかなりの人がアルゼンチンへ移ったと聞いた。それでも残って耕し続けた人たちは、さまざまな忍耐を経て成功した人たちである。「次々に出ていくのに、俺は出遅れただけだよ」と、パラグアイのある一世は苦笑していた。出て行く人たちの畑を買い、その土地も耕し続けて大規模農家になったのだと言う。

日本人のアルゼンチンへの移住は1907年に始まり、太平洋戦争前には5400人になった。多くは移住した人の呼び寄せやブラジル、ペルーなどからの転住だった。初期の入植者たちは、

さまざまな世代の日系人が教会に集う（ルイス・ヨナミネ牧師提供）

農園や工場で労働者、食堂やクリーニング業の下働きをした。１９１０年代半ばからクリーニング業や自営業の小さな商店を経営し、１９２０年には地方都市でもクリーニング業を始める人が現れた。高度の技術が不要で設備投資もさほど大がかりなものは必要なかったからである。家族経営できめ細かい仕事をする日本人のクリーニング業は評判になった。昭和初期、１９３０年ごろには花卉栽培が盛んになり、新品種に挑戦したり栽培技術を改良したりと意欲的に取り組んでいった。とくに大消費地ブエノスアイレスの郊外は日本人の花卉栽培が盛んで、郊外の町は「花の都」と呼ばれたという。

２０００年から２００６年にかけて編纂された『アルゼンチン日本人移民史』によれば、アルゼンチンの日系社会の職業別構成はクリーニング業と花卉栽培が約75％を占めている。また沖縄出身者がクリーニング業の約70％である。ＪＩＣＡの前身である日本海外移住振興会社による集団移住地は二つあり、１９５９年に入植が開始され計１１１世帯が入植したが、その後他へ移る世帯が増えて30世帯が残り、果物や木材などを営農している。

「私はね、洗濯屋を開きました」

教会員の中にも、クリーニング業の人がいた。一世、とくに高齢の人々は、クリーニング業を「洗濯屋」と言う。

ルイス牧師の両親も沖縄移民の一世で、花卉栽培農家である。教会の祭壇には、直径12～13㎝はあろうかというほどの大輪の、色鮮やかなガーベラがたくさん生けられていた。ヨナミネ牧師の両親が丹精込めて栽培した花である。ルイス牧師は父親の花卉栽培業を継がず、牧師となった。父親が懸命に働く姿に敬意を持っていたが、牧師は心の問題を第一に考えるようになり、アメリカの神学校に留学した。

子どもたちへの給食活動

お連れ合いのマリサさんの父親も牧師で、ブエノスアイレスから100㎞ほど離れた人口2万人の小さな町に住んでいる。その町の中心を走る道路は広く、中央分離帯に灌木が植えられている。私が訪れたときには交通量が少なく町全体が閑散としているように感じたが、クリスマスには分離帯の木の下にテーブルを出し、町の人たちが食べ物を持ち寄って一緒に食事をするのだそうだ。小さな町ならではの、人々の温かい気持ちが伝わってくる。

「いつも家の前の通りを掃除してくれる女性の姿が見えません。病気かもしれません。これから訪ねてみます」

貧しい子どもたちと始めた農場。みごとなトマトが実った（ルイス・ヨナミネ牧師提供）

マリサさんは家にあるパンや果物などをバスケットに詰め、赤いチェックのナプキンをふわりとかけた。車は石造りの道を走る。

「ここから舗装がありません。揺れますから気をつけてください」

住宅街の1本道である。舗装が突然途切れ、でこぼこの砂利道になった。

「ここから、貧しい人たちの地域です」

花作りも始め、町で売った（ルイス・ヨナミネ牧師提供）

同じような家が続いている。しかし、舗装道路と砂利道の境を示す1本の線が、住んでいる人の収入、生活レベル、階層を分ける、目に見える「境界線」となって目の前に現れた。車の窓から見える家々は、確かに少し小さくなり、手入れが届かず、少し汚れていた。

ドアをノックして室内に入ると、50代と見える女性が力なく椅子に腰かけていた。声にも力がなく、やはり病気とのことだ。道路の清掃が彼女の仕事で、仕事を休めば収入もなく食べ物に困っているとのことだった。やはり来て良かったと、マリサさんは安堵した。

ヨナミネ牧師は、私が訪問するといつも時間を取り、町の郊外にある「教育農場」を見せてくれた。貧しくて1日に3度の食事が十分に摂れない子どもたちに食事を提供するため牧師が始めた農場で、ささやかではあるが私と夫は「農場」の支援をしていたからである。ルイス牧師は、子どもたちと一緒に畑を耕し、種をまき、収穫し、その野菜を使って料理し、子どもたちの食事にしている。農場は日本でなら立派に収益を上げられる面積だが、アルゼンチンの大規模農場経営の中にあっては生計が成り立たないような小さいものである。

1～2年後、傷だらけの小さな野菜から全員に行きわたるだけの大きな野菜が取れるようになった。鶏を飼い、卵を取り、卵が給食に登場した。2頭だけだが牛を飼ったこともある。花卉栽培

子どもたちのための食堂（ルイス・ヨナミネ牧師提供）

も始めた。市場に出せるような花が育ち、花畑一面に色とりどりの花が咲き乱れる時期になると、近隣の町から「花見」に訪れる人々がいるほどだった。子どもたちは花束を作って町で売り、得た現金を自分たちの教育費として蓄えた。その資金で数人の子が高校を卒業し、就職した。しかし、「教育農場」を知らない人たちは花売りの子どもたちを見て「児童労働」だと騒いだが、やがてその人たちの理解を得られるようになった。

ルイス牧師は野菜を育てるときに、最後まで丁寧に扱うことを子どもたちに厳しく教えた。「何でこんなことをやらなければならないんだ」と反発する子もいたが、のちに就職した子が、厳しく教わってよかった、学んだことを仕事で心がけている、と牧師に言った。

「私は、日本のような仕事のやり方ですね、仕事は丁寧にすることをうるさく言いました。アルゼンチンが少しでも良くなるように、そして少しずつでもアルゼンチンが変わっていくようにと願っています」

ルイス牧師がブエノスアイレスの教会を預かる牧師となり市内に引っ越すことになっても、牧師は時間がある限り農場へ行って子どもたちと一緒に野菜や花を作った。片道１００㎞を往復するのは重労働だったが、それでも牧師は通い続けた。

たぶん、疲れていたのかもしれない。中古のトラクターをだましだまし運転していたとき、上着の袖が巻き込まれ、大慌てで上着を脱ごうとしたが間に合わず、右腕を損傷してしまった。急いで病院へ行き手術を受けたが、その後も時々腕がしびれて、車の運転が辛いときがあるという。

またある夜、家族と帰宅途中の真っ暗な道で馬と衝突した。ボンネットは壊れフロントガラスに無数のヒビが入り、一部の割れたガラスが同乗していたマリサさんの髪に飛び散った。ほかに大きな怪我がなかったのは、不幸中の幸いだった。ルイス牧師は、続く苦難にさすがに気力を失いかけたようだった。

「ルイスは、毎日部屋で神様と話していました」

とマリサさんが言う。信仰の道があっても、２度も大きな事故にあってはさすがに堪えている様子だった。

「日本の車だから、私たちは死ぬことも大きな怪我をすることもありませんでした」

と、ルイス牧師は気を取り直したのか、ポジティブに言った。

その後ブエノスアイレスの教会での仕事が忙しくなって教育農場へ通うことができなくなり、やむなくヨナミネ牧師は農場を閉鎖した。子どもたちへの給食活動については牧師が市と交渉し、市が引き継ぐことになった。

魅惑の町ブエノスアイレスの「富」と「負」

私が初めてアルゼンチンを訪れたのは２０１３年の末である。ボリビアから日本への帰国の途上、ヨナミネ牧師夫妻を訪ねるためだった。ボリビアから日本への直行便はなく、南米の玄関と

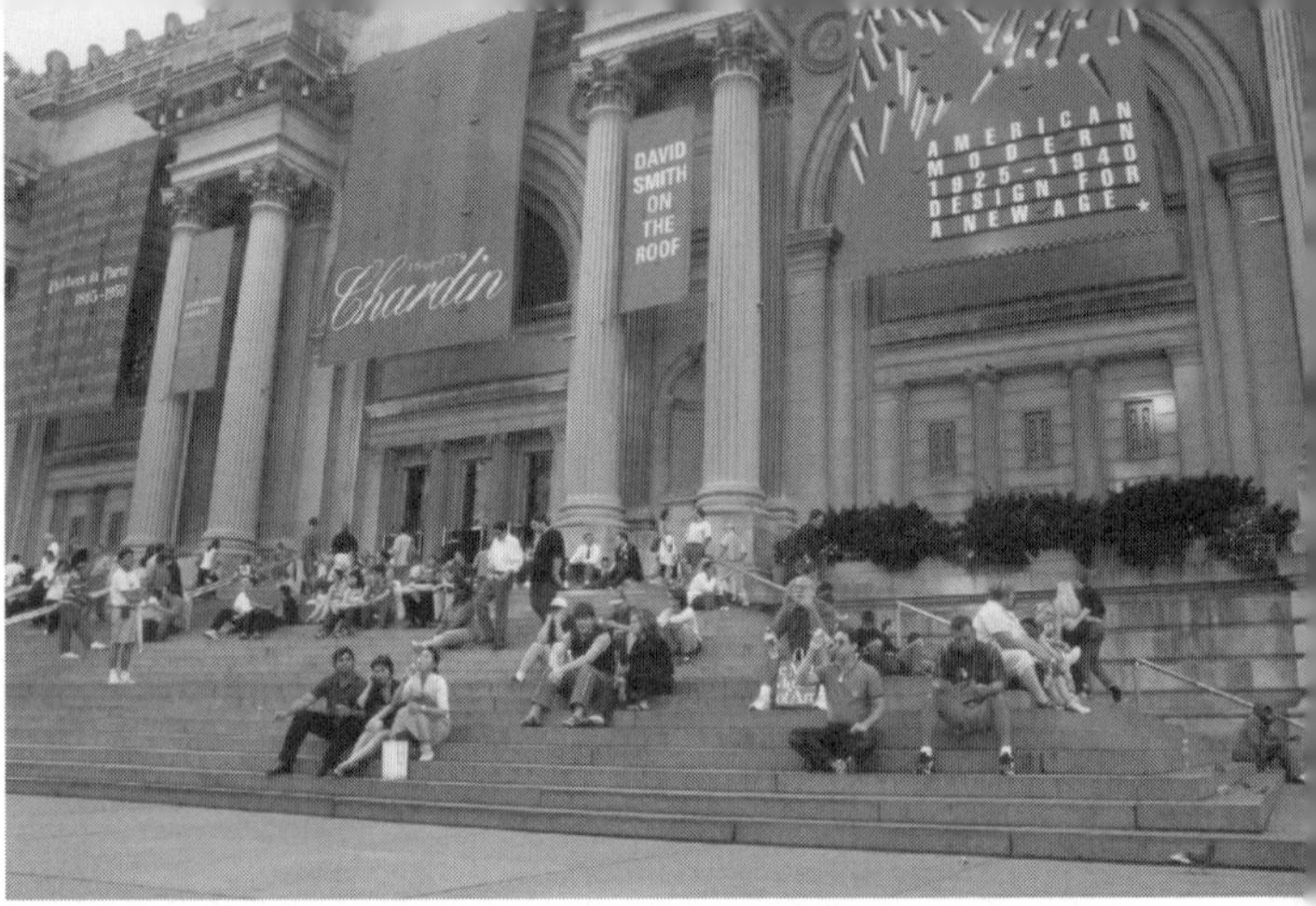

アルゼンチン国立美術館。レンブラントやゴーギャンなど有名な絵画を所蔵

してブラジルのサンパウロ、アルゼンチンのブエノスアイレス、ペルーのリマなどがあり、それらの国際空港から南米の小国への路線に乗り継ぐ。日本の反対側にある国々なので、いずれのルートも乗り継ぎの待ち時間を入れて30時間以上かかる。サンパウロ経由が少し時間短縮できるかもしれないが、ブラジルのビザが必要なことと空港内での手続きが煩わしいので、よくブエノスアイレス・ルートを利用した。ブエノスアイレスへも、ドイツ経由、トルコ経由などさまざまなルートがある。ドバイの空港を利用したときは、中東の衣装を着た人が多いだろうと期待したが、中国人と思しき人たちがおそろいの赤いTシャツを着て働いていた。

　ブエノスアイレスの空港に降り立ったとき、私は一瞬あっけにとられて立ち止まってしまった。周りが白い。人々の肌の色である。ボリビア人のほとんどは先住民とスペイン人との混血で肌が褐色であり、ボリビアの先住民は日焼けしたような濃い色である。濃い茶色の肌の人々と暮らしていたので、

　これほど白い人が多いところは経験がなかった。マリサさんは、おじいさんがチリから移住したチリ系アルゼンチン人で白人である。アルゼンチンでマリサさんの黒い髪が目立ったこととチリ系だということから、偏見を感じたことがあると言う。両国民はお互いの国への競争心を持っているようで、チリ人は、チリのワインの方がおいしい、輸出が多い、ブエノスアイレスの街路樹になっているハカランダはチリからアルゼンチンに渡ったのだと言い、

一方アルゼンチン人はワインも牛肉もアルゼンチンがおいしいと言う。
アルゼンチンという白人の国で、言葉が十分話せない日本人移民たちが生きていく苦労を想像したが、恵教会の日系人の高齢の人々は差別について何も言わなかった。ヨナミネ一家も日本人移民も、長い年月地道に、ひたむきに、土を耕し、あるいは小さな商いに精を出してきたのである。

空港に出迎えてくれたルイス牧師は、100㎞北の郊外にある自宅へと車を飛ばした。アルゼンチンは広大な国で、わずかな起伏のある牧場と空がどこまでも拡がっている。

「日本にいるとき、何度もここを走る夢を見ました」

と、ルイス牧師は言う。日系人とはいえ十分日本語が話せず、日本の慣れない環境で辛いとき夢の中に表れたのは、アルゼンチンの広大な風景だった。

郊外の町へ向かうとき、ヨナミネ牧師が高速道路脇を通ったことがある。高速道路の橋脚下にはびっしりと小さな家が並んでいた。スラムだからここには絶対近寄らないように、と牧師は忠告した。地元のアルゼンチン人でも、そのスラムに入れば命の保障はないという。

街角に花売りのスタンドが出ている。バラ、ガーベラなど華やかな花が並び、先住民の顔立ちをした浅黒い人たちやボリビア人のような人たちも見かけた。ボリビアの中でも貧しいために他の国で出稼ぎする人たちかもしれない。その姿は日本移民の中の、貧しさから海を渡った人たちとも重なる。この大都会には、これまでも仕事を求めて近隣の国から集まってくる。

かつて、アルゼンチンが南米でもっとも富める国だったころには、ヨーロッパからの出稼ぎ国の一つだった。子どものころ読んだ『母を訪ねて三千里』(エドモンド・デ・アミーチス著)は、イタリアの少年が、アルゼンチンへ働きに行って連絡が取れなくなった母親をアルゼンチンに渡って探す物語である。アルゼンチンには、スペイン系とイタリア系の人が多い。アルゼンチン人の富を持つ人たちは子女をフランスに留学させたり、フランス様式の建物を建てたりした。

そんな栄華を誇った時代にできたのがコロン劇場で、フランスのパリのオペラ座、イタリアのミラノのスカラ座と並んで世界三大劇場の一つである。1889年に建設が始まり、1908年に落成したオペラ劇場で4、000人もの観客を収容できる。イタリアのルネサンス様式をもとにした建築で、世界でもっとも音響効果が良い劇場と言われている。コロン劇場内の見学ツアーでは、館内の壮麗な装飾に見とれ、赤いビロードの客席に腰かけてぐるりと周りを見回すと壁にも金色の装飾が施されている。ガイドの若い女性がオペラ歌手志望と聞いたツアー客が、歌を1曲リクエストした。ガイドは、「客席では歌ってはいけないので」と金色の見事な装飾が施されている廊下で歌ってくれた。透き通るようなソプラノの声が廊下の端まで伸び、広がっていく。ツアー客はしんとしてその歌声に聞き入り、歌が終わったときは誰もが盛んな拍手を送った。

ヨーロッパ的な文化を感じるものに、市の中心を貫く「ヌエベ・デ・フリオ通り」がある。片側が7車線でその外側にさらに2車線あるので、合計片側9車線である。街路樹は夏には紫色の花をたくさんつける。昔は白かっただろう灰色と言ってもいいような色合いの建物の壁を背景にして、木々の葉の緑と紫の花の連なりはそれだけで十分美しい。白と紫と緑の色の調和は、シックで見事だと感心する。そんな風景を楽しみながら通りを渡っているとき、中央分離帯に立っているオベリスクの下の小さい広場で女性たちがプラカードなどを掲げて集会を開いていた。政府への抗議だった。1976年から1983年まで軍部が政権を掌握し、厳しい弾圧が行われた。

政治的にものを言えばその人たちは「失踪」した。その数は何万人にも上ると言われている。妊娠している女性であろうが容赦なく、監獄内で出産するとその赤ん坊を取り上げ養子に出し、あるいは女性に幼い子どもがいる場合でもその子どもを養子縁組させたという。

１９７７年、子どもを取り戻したい女性たちは大統領府前の「プラサ・デ・マヨ（五月広場）」にやってきて、無言のまま、そこに立ち続けた。毎週木曜日になるとやって来る女性は増えていき、無言の抗議が続いた。「孫を失った祖母たちの会」が立ち上げられ、誘拐や行方不明になった孫たちの解放を求めてきた。この人権団体は１９８０年に「五月広場の祖母たち」と改名され、地道な活動によって子どもの所在をつきとめてきた。２０１４年に１１４番目の子どもが判明した。

軍事政権が倒れた後は、南米に吹き荒れたハイパー・インフレが襲った。インフレはひどく、１９９２年に通貨切り下げが行われ、交換レートを１ペソ＝１米ドルにした。しかしその後もインフレは徐々に進み、私が初めてアルゼンチンへ行ったときは１米ドルが7~8ペソほどであったように思うが、１米ドルが10ペソになり、13ペソ、17ペソと下がり続けた。日本語を教えたボリビアからの帰国時や、またボリビアへ向かうときにアルゼンチンで馴染みのカフェに寄るたびに、エスプレッソ・コーヒーの値段が上がり続けた。インフレはさらに進み、２０２３年の物価上昇率は90％を超えているという。

アルゼンチン国内のＡＴＭで日本のカードを使ってドルの現金を引き出せたのが、ペソしか交換できなくなった。ブエノスアイレスからボリビア行きの便への乗り換えのとき、所持していた１，０００米ドルの現金を詰問された。以前はこの金額に何の問題もなかったのだが、ボリビアで日本語を教えていること、1年分の生活費なのだと何度も説明したが、すぐに納得してもらえなかった。米ドルの持ち出しが厳しくなっていた。アルゼンチン経済はどんどん悪くなっている。

日本でのヨナミネ牧師の活動

ヨナミネ牧師一家は、かつて日本に赴任していたとき、地域の人々だけでなく南米出身の人々の相談に乗っていた。日系二世だが来日したときは日本語があまり上手でなく、日本語の習得に苦労したという。お連れ合いでやはり牧師のマリサさんは、「何も心配ありません」とおおらかな笑みを浮かべてヨナミネ牧師の話を聞いている。

ヨナミネ牧師が赴任した地域には、プロテスタント教会は少なかった。教会の建物はなく、あるときはコンビニの2階を、あるときは建物の中の小さな部屋を借りて活動していた。集会を開ける場所探しは難しく、賃貸契約が切れるとそのたびに引っ越さなければならなかった。多くの日本人にとってキリスト教はなじみが薄いようだし、プロテスタントは宗派が多いのでわかりにくい。加えてカルト教団が問題を起こし、マスコミをにぎわせた。宗教的な集まりと聞くと、数人だけの勉強会でも渋い顔をする人が多かった。

日本のキリスト教信者数は人口の1％と一般的に言われているが、東京基督教大学の2017年度の「JMR調査レポート」では、日本の人口の0・83％（モルモン教、エホバの証人、統一教会は除く）である。ある牧師は、日本でのキリスト教の布教活動は難しく、時にめげそうになりながら活動しているという。

ヨナミネ牧師と教会員たちは何年も地道な活動を続け、寄付を募り、ようやく土地を手に入れ、小さな教会を建てた。その後アルゼンチンに帰国したヨナミネ牧師は、今度はアルゼンチンの小さな町のために日本と往復していた。ある日、牧師から電話がかかってきた。牧師の住む町の消防車や救急車はとても古いので日本の中古を寄付してくれる町を探している、ついては横浜市の行政の人に知り合いはいないだろうか、と言う。行政よりも議員の方が解決できるかもしれないと思い、国際関係を担当している県議会議員にヨナミネ牧師を紹介がてら頼みに行った。議員は、消防車と救急車の話にか、寄付の話にか、戸惑ったようだった。アルゼンチンといえば一般には先進国だと思われているだろう。なぜ中古の消防車や救急車が必要なのか、理解できなかったようだった。

県会議員は市に働きかけてくれたようだが、市の回答ははかばかしくなかった。議員が提案したからと言って、人口330万人の市はそうたやすく動かない。かえって、議員であるからこそ行政への働きかけはまずかったのかもしれない。

牧師はさらに奔走し、知り合いを訪ね、いくつかの市に働きかけた。結果、「山口県の萩市が寄付してくれることになりました!」と、嬉しそうな連絡が来た。輸送の費用はアルゼンチンの町や教会の人々の寄付によって賄われ、消防車と救急車は無事にアルゼンチンの港に着いた。だがルイス牧師は仕事を抱えていたため港になかなか行けず、ようやく時間を作って行ってみると、消防車は無事だったが救急車の中にあった機材はすべて盗まれ、車だけが残っていた。牧師の声はがっかりしていた。

もう一つ日本で牧師が働きかけたのが、町の病院のために必要な医療機器のコンピュータ断層撮影検査機器（CT）だった。私がボリビアの取材のときに知り合った慶應義塾大学医学部の三浦左千夫助教（当時。熱帯医学・寄生虫学）を紹介すると、牧師は何度か三浦助教を訪ね、大学病院の中古のCT検査機器を寄付する話がまとまった。しかし、いざ機器をアルゼンチンまで運ぶとなると長い船旅であり、繊細な機器なので無事に到着するかわからないこと、輸送費用が高いこと、アルゼンチンで機器を調整するエンジニアが必要であることなど難しい問題が多々あり、CT機器を送ることは頓挫した。日本の中古品は世界の役に立つが、世界に送るためにはさまざまな壁があった。

アルゼンチン日系人の日本への要望

外務省が2018年に行った『日系社会実相調査』は、調査対象が148人で、一世を除く二世が50人（34%）、三世86人（58%）、四世10人（7%）である。日本のルーツは沖縄が多く、次いで広島、北海道、熊本、秋田の順である。

日系人としてのアイデンティティの意識については、まったく感じていない3人、少しはある7人（5%）、まあまあ21人（14%）、かなりある53人（36%）、とてもある64人（43%）である。

日本の好きなことやもっと知りたいことについては、1 和食 2 清掃と秩序 3 組織力と規律 4 チームワーク、5 時間厳守 6 伝統文化（舞踊、盆栽、陶器、折り紙、茶道、能、歌舞伎） 7 治安と安全（市民マナー） 8 公共交通機関 9 ポップカルチャー（漫画、アニメ、コスプレ、J-Pop） 10 技術・ロボット工学 11 映画・文学・スポーツ（野球等） 12 武術・武道の順である。

少し意外なのが「公共交通機関」が入っていることで、ブエノスアイレスの地下鉄は1913年、世界で13番目に開業しており、中南米でもっとも早い。しかも日本で1番古い東京の銀座線は、ブエノスアイレスの地下鉄をモデルにして建設したと言われており、アルゼンチンの方が先輩だ。

なだらかな丘が続く農場の風景（ルイス・ヨナミネ牧師提供）

しかし、ブエノスアイレスで地下鉄に乗ったとき困ったことは、すべてがスペイン語表記だったことだ。駅で、まず地図を見て目的地に近い地下鉄の駅を探す。どの線に乗ったらよいか、もう1度地図を見る。だが、駅に降りたものの、すべてがスペイン語表記であるため、読むのに苦労し、どの出口を出ればよいのかわからないことだった。一方、日本の駅ではローマ字表記もあるので、この点、日本が便利かもしれない。また、アルゼンチンでも日本でも、公共施設が何をするところなのか簡単な説明が欲しい。
また、路線バスに乗ろうとしたとき、バスの車内ではチケットを買うことができず、市内の数カ所にあるバスチケット券売所で買わなければ乗れないと断られた。タクシーは、電話で呼ばなければ乗れない。確かに、日本のバスは乗ったときに現金で支払うことができるし、都市ではタクシーの空車が走っており、いつでも乗れるので便利だ。
調査の日本政府へのコメントや要望では回答が36人と少なかったが、

興味深い。

1.JICAの研修を別の専門分野にも拡大すること、多くの日系人にチャンスを与えてほしい 2.日本語学校にもっと多くの日本の学習教材の提供 3.より多くの日本の若者が奨学金で中南米に来てほしい 4.日系団体への日本政府の経済支援 5.日本国籍取得要件の緩和の検討 6.沖縄の米軍基地撤収などである。

なお、ビザについては、日系三世までは「定住者」としての在留資格が得られ、「定住者」になると在留資格が「永住者」になる道も開ける。また、「定住者」は就労の制限がない。しかし、これまでは四世になるとその「定住者」ビザがなく、他の外国人と同様のビザ申請が必要だった。日系人も世代を重ね、四世も自分のルーツである日本に行ってみたい、住んでみたいという声が多くなったとのことから、法務省では「日系四世の更なる受入れ制度」を創設した。「日本と海外の日系社会との架け橋となる日系四世の方々を育成すること」で、日本で最長5年間の滞在が認められる。日本文化を習得する活動を条件に、就労も可能である。

ただし入国要件がいくつかある。受け入れを支援してくれる無償のサポーターが必要なこと、四世で18歳から30歳以下であること、帰国用の旅行切符購入資金が十分あること、申請時点で日本滞在中の生計が可能と見込まれること、などである。また、受け入れ人数は年間4000人である。

健康面や日本語力など細かい条件が求められており、これらをクリアするのは難しい人もいるだろう。改善の余地があるが、日本を見、活動し、体験することによってそれぞれの人のルーツの確認をすることができるようになったのは、1歩前進かもしれない。

２０２４年10月15~17日に、第64回海外日系人大会が開かれた。ある海外日系人団体の代表は、四世の在日ビザの緩和を強く求めた。１９９０年の入国管理法改正時にはビザ取得は働き手である二世、三世が中心に行われたが、現在二世は高齢化し三世が労働力の中心となり、四世が育ってきている。しかし四世のビザ要件は、滞在期間が5年間だけである。アジアからの労働者や定住者が増えている中で、相対的に日系四世が減っている。これは不公平ではないか、日本政府のメッセージで何度も「日系人は宝」という言葉が出てくるが、「宝」だと考えるなら、四世が定住できるようビザ問題を解決してほしい、日本と各国の外交問題でもあると訴えた。

最終日、海外日系人大会宣言として、日系人は対話・協力のモデルとして強制に貢献することなど6つの宣言を採択した。なかで、日本政府や関係省庁に四世のビザ要件の緩和を求めた。

1930年　軍事クーデターによりイリゴージェン大統領失脚
1939年　第2次世界大戦勃発。親連合国派(積極参戦)と親枢軸国派（絶対中立派）が対立
1940年　カスティジョが政権を掌握、枢軸国に中立的な政策をとる
1944年　第２次世界大戦の枢軸国と国交断絶。ドイツに宣戦布告
1945年　大戦中の連合国への食糧輸出により、世界一の外貨保有国に
1946年　ペロン、大統領となる。1955年までの長期政権を維持。労働者保護、産業国有化、対米従属を拒否した自主外交を展開、国内に多くの支持者（ペロニスタ＝ペロン党）。ペロンの妻エバ・ペロン（エビータ）人気が大統領への支持となったがエヴァの急死でペロン支持が低下
1951年　中立政策をとりアメリカ主導の米州機構から脱退
1955年　保守派と軍隊がクーデターを起こし、ペロン追放。米州機構に復帰
1968年　再度のクーデター。「アルゼンチン革命」を掲げた官僚主義的権威主義体制が樹立
1973年　ペロン再度大統領になる
1974年　ペロン大統領、病気により死去。ペロン大統領の指名で副大統領だったペロンの3番目の妻イサベラ・ペロンが大統領となる。政権不安定となる
1976年　軍事クーデターによりビデラ政権となり、官僚主義的権威主義体制を樹立。国会閉鎖。左派やペロニスタ、左翼ゲリラ関係者を「行方不明」にする。現在でも行方不明者1万人以上。新自由主義政策失敗
1982年　ハイパーインフレ。マルビナス諸島（フォークランド諸島）紛争でイギリスに敗北。イギリスと国交断絶
1983年　民政移管。経済の失敗により社会的混乱
1989年　メネムが大統領に就任。「自由開放経済政策」（新自由主義政策）推進。国家再建法、経済緊急法を制定し電話をはじめ電力、石油、水道、ガス、鉄道など各種部門を次々と民営化
1991年　ペソ＝ドル兌換法導入。ハイパーインフレ収束
2001年　経済・金融危機
2003年　中道左派キルチネルが大統領となる。外交関係はアメリカと距離を置き、メルコスールや中南米を重視
2006年　1月、IMFからの債務を完済。年率約8%の高成長
2007年　キルチネル大統領の妻クリスティーナ・キルチネルが選挙で選ばれた初の女性大統領
2015～2019年　ペソ暴落による通貨危機。世界最大の債務国となる
2019年　アルベルト・フェルナンデスが大統領就任。新型コロナウィルス感染症の流行、大干ばつ
2023年　ハビエル・ミレイが大統領就任。リバタリズム（個人的な自由と経済的な自由重視）を掲げる。経済再生に着手。消費者物価指数の月間上昇率低下、上半期貿易収支黒字化。しかしGDP成長率は低下、失業率上昇。緊縮財政、規制緩和、自由貿易などを目指す。経済・財政改革に取り組む

◉ アルゼンチン共和国の歴史

9000年前　手形の洞窟壁画。パタゴニアの洞窟に先住民が手形を描いた
15～16世紀　北部から北西部をインカ帝国が征服。16世紀には草原地帯、山岳地帯に合計24部族、約34万人の先住民がいたと推計
1516年　スペインの植民地となる
1588年以後　イエズス会などが先住民に布教、布教村落を築く。大規模農園のはじまり
1680年　ポルトガルがブエノスアイレスの対岸にコロニアを建設（現在のウルグアイ相当地域）。以後スペインとポルトガルの衝突地域となり、帰属変更が何度も行われた
1754年　「グアラニー戦争」イエズス会、グアラニー族対スペイン、ポルトガルの戦争で、イエズス会とグアラニー族側が敗北
1767年　スペイン領からイエズス会を追放。布教村落は滅亡
1806年　イギリスがブエノスアイレスに侵攻。クリオージョ（現地生まれスペイン人）民兵隊がイギリスを破る。これにより、自由貿易を目指して自治意識
1808年　スペイン・ブルボン朝崩壊。南米大陸で自治の動きが活発化
1810年　5月革命。革命政府。政治不安から内戦となり各地で反乱が起こる
1813年　奴隷制度廃止。黒人が自由の身になるのは20年後
1816年　独立宣言。中央集権派と連邦派による対立が続き内戦状態となる
1829～1852年　ロサス将軍による強権政治。地方で反乱が頻発。反ロサス勢力、将軍を追放
1853年　自由主義者による憲法制定
1862～1880年　地方の反乱ほぼ制圧
1862年　連邦共和制となり、国名をアルゼンチン（アルヘンティナ）とする。
1865～1870年　パラグアイとの戦争
1869年　初の国勢調査。人口180万人、非識字率71%。75%が貧困
1877年　フリオ・アルヘンティーノ・ロカ将軍によりパンパの先住民を征服する目的の「砂漠の征服作戦」開始
1880年　ブエノスアイレスが連邦の首都に。ロカ将軍、「砂漠の征服作戦成功」。大統領となる
1882年「砂漠の征服作戦」終了。パンパとパタゴニアの先住民は20万人から2万人に。可耕地を従軍した軍人や既存のエリートに分配、大土地所有制が完成
＊1870年代にフランスで発明された冷凍船が80年代にイギリスで実用化。イギリスはブエノスアイレスに冷凍工場を建設し、冷凍牛肉がイギリスに輸出される。イギリスは内陸を結ぶ鉄道を敷設。食肉、穀物、砂糖などをヨーロッパに輸出。
1887年　ブエノスアイレスの人口の約50%が外国人（移民の急増による。1854年は約10%だった）
1929年　世界第5位の富裕国となる。富裕層による浪費や世界恐慌で失業者が増大

5章
世界の中の「日系人という存在」になる
——パラグアイ共和国で

パラグアイ共和国（出典：外務省、在パラグアイ国日本大使館、JICA国際協力機構、「パラグアイを知るための50章」田島久歳、武田和久編著 明石書店、Wikipedia）

面積：40万6,752㎢（日本の約1.1倍）
人口：約678万人（2022年世界銀行）　610万9,000人（2022年パラグアイ統計・調査・国勢調査総局）
首都：アスンシオン
民族：混血（白人と先住民）95%、先住民2%、欧州系2%、その他1%
言語：スペイン語、グアラニー語（ともに公用語）
宗教：おもにカトリック（信教の自由は憲法で保障）
政治体制：立憲共和制（憲法に基づく国民主権）
元首：任期5年、再選禁止
議会：2院制（上院45名、下院80名、ともに任期5年）
主要産業：農業、製造業（自動車部品など）、電力
GDP（名目）：417億米ドル（2022年　世界銀行）
1人当たりGDP（名目）：6,153米ドル（2022年　世界銀行）
経済成長率：0.1%（2022年　世界銀行）
物価上昇率：9.8%（2022年　世界銀行）
失業率：6.9%（2022年　世界銀行）
総貿易額（2022年暫定値　パラグアイ中央銀行）
輸出　99.6億米ドル　　**輸入**　145.9億米ドル
主要貿易品目：
　輸出　大豆（大豆粉、大豆油等含む）、電力、牛肉、トウモロコシ、米
　輸入　燃料・鉱油、電子機器類、原子炉・ボイラー、自動車・トラクター、肥料
主要貿易相手国（2022年、パラグアイ中銀）：
　輸出　ブラジル、アルゼンチン、チリ、ロシア、アメリカ、台湾
　輸入　中国、ブラジル、アメリカ、アルゼンチン、シンガポール、インド
通貨：グアラニー
為替レート：1米ドル＝6,998グアラニー（2022年平均　パラグアイ中央銀行）
在パラグアイ日本人数：3,722人（2022年10月、外務省海外在留邦人数調査統計）
在日パラグアイ国人数：2,149人（2022年6月末、法務省在留外国人統計）
パラグアイへの主要援助国（2020年開発援助委員会、2国間援助）：
　韓国（6,544万米ドル）　日本（5,344万米ドル）　フランス（4,310万米ドル）
概要

国名の由来は2つある。先住民のグアラニー語で「優しい水」を意味する語がParaguayに変化したという説、「パパガーリョ（オウムの1種）の住む谷の川」または「羽のかぶった川」を意味する語がスペイン語になったという説。熱帯性気候。季節は夏と冬が主で春と秋は短い。

経済は輸出総額の8割以上が農牧畜業と電力。アルゼンチン、ブラジルの経済状況に依存。主要農作物は、大豆（日本人移住者が取り組み急成長。輸出量は世界3位＝2021年、国際連合食糧農業機構＝FAO）、トウモロコシ（世界13位＝2021年、FAO）、米（世界5位＝2021年、FAO）、小麦、綿花、マテ茶（世界3位＝2021年、FAO）、ゴマ（16位＝2021年、FAO）など。外資誘致策を積極的に行っている

日本人が初めてパラグアイに移民してから、２０１６年で80年になる。日系社会は盛大な祝賀記念行事を企画した。『パラグアイ日本人移住80周年記念誌』もその一環で、私は編集指導の業務で国際協力機構（ＪＩＣＡ）のシニアボランティアとして赴任した。Ａ４判サイズで４００ページの記念誌の構想は、壮大である。各地の歴史だけでなく「今」の取り組みを記録するため、国内７つの日本人移住地を訪ねた。戦前移住の地域、戦後移住が盛んだった時期の地域、政府主導の移住が落ち着いてから渡った人が多く住む地域など、７つの移住地の歴史は異なる。歴史だけでなく、現在の状況や今後について語るどの人も、どの移住地をとっても、想像以上に「他の国に移住するということ」や「日本人とは何か」という難問を突き付けられた。

パラグアイ　ラ・コルメナ日本人移住80周年記念碑（奈田俊さん提供）

戦前移住のラ・コルメナ移住地

80周年を迎えたのは、ラ・コルメナという首都アスンシオンの南東にある移住地である。パラグアイは平坦な国土で山脈はなく、山と言えるほどの高地もない。西半分はほとんど砂漠と言っていい、林などがない地域で、東半分に町が点在し農業・牧畜などを行っている。交通手段は路線バスと高速バスだが、高速道路はない。一般道を高速バスが7時間も8時間もほとんどノンストップで飛ばすのは、少々怖くもある。

ラ・コルメナへは、首都から路線バスで3時間ぐらいである。アスンシオンの街並みを過ぎると次第に草地が増え、起伏が見えてきた。その丘のような山の中でお椀を伏せたような優しい山があり、「コルメナ富士」と日系人に呼ばれている。富士というにはとても低い。周りに似たような山は多いのだが、太平洋を渡ったはるかな地で名付けた「○○富士」に込められた日本移民の思いが胸に迫ってくる。日本への郷愁だけでなく、この地で暮らさなければならない人たちの心のよりどころになったのではないだろうか。

日系人が名づけたコルメナ富士。パラグアイには高い山がない（奈田俊さん提供）

1935年（昭和10年）に日本移民100家族がパラグアイ政府から入植を許可され、翌1936年、ブラジルから5月にパラグアイ拓殖部スタッフ、6月に指導移民が入植し、3カ月後に日本からの移民が入植した。農地は1戸当たり20町歩で、日本の1戸当たりの農地面積に比べるとはるかに大きい。パラグアイ政府が移民のために用意した農地は全1万1000町歩で400戸分だったが、太平洋戦争開始の1941年までに入植したのは138戸、844人だった。

ラ・コルメナ移住地の日本語教育は1936年に移民宿舎の中で始められたというから、移民してすぐのことである。移民たちが力を入れた日本語教育とは、日本人として話せることと書くことができる日本語で、加えて日本の文化を保持することや、日本人としての誇りも期待している。日本語を母語とする子どもたちが日本の小学校で学ぶのが「国語」で、「国語」の教科書には語彙や表現、読むことだけでなく、日本の文化や価値観なども込められている。何より移民たちが国語の教科書を使ったのは、それ以外に日本語の教科書がなかったからである。

一方、現在よく言われる「日本語」教育は、日本語を母語としない人たちに文法をわかりやすく整理し、学習者のニーズに応じたレベルまで話すこと、読むこと、書くことができるようにすることである。教科書は50音から、名詞、名詞＋動詞、と段階を経て習得する。

ラ・コルメナの日本語教育には欠かせない、日本語学校創設期の先生がまだ健在だからぜひ会っていくようにと勧められた。その人、淳子さんは生まれて間もなく、１９３６年に母親に抱かれてパラグアイに渡った。ラ・コルメナ移住地と同じ年の80歳である。

「日本生まれですけど赤ん坊でしたから日本を全然知らないんで、はじめはお断りしたんです。でも、ぜひ日本語を教えてくれと頼まれましてね。何かお役に立つなら、ちょっとの間だけ、と思って日本語を教え始めました」

父親が黒板に書いて教えてくれた程度の日本語であり、淳子さん自身は、日本から両親が持ってきた本を読みながら、やはり持参した古い国語の辞書で漢字を調べて覚えた。教師を引き受けるのはためらったが、ほかに教師が見つからなかったこともあり、結局19年もの間、日本語を教えた。

教材は古い国語の教科書だけで、教師用の指導書などはない。淳子さんは、教科書に出てくる

ラ・コルメナ日本語学校（奈田俊さん提供）

文章の中にある、子どもたちに覚えてほしい言葉や文を抜き出し、意味や使い方などを教えた。日本から派遣された先生がいた。その先生が段ボール箱を切って作った「かるた」を学校の片隅で見つけたので、50音や語彙を教えるためによく使った。テストには、包装紙などをきれいに伸ばし、包装紙の間にカーボン紙をはさみ、白い裏を利用した。毎晩、ランプの明かりの下で、遅くまで教材づくりをした。その後、日本の小学校の国語の教科書を手に入れた。

「その教科書にね、畳があったんですよ。でも私は畳を知らないから、こんなものかしらん、と思いながら黒板に絵を描きました。戦後日本に研修で行ったとき、これが畳というものか、と初めて見ました」

パラグアイの家に畳はない。淳子さんはＪＩＣＡが行っている日本での研修に参加し、日本語の教え方の研修だけでなく、日本の学校を見学したことや日本の各地を訪れたことで日本について知ることができた。そして、日本語を教える自信ができたと淳子さんは言う。畳だけでなく障子など、日本人の生活にあるものが分からなかったからだ。それに、淳子さんが日本で研修を受けた時代、ラ・コルメナにはまだ電話がなかったから、日本で受話器を見たとき、どちらを耳に当てたらいいのかわからなかったという。

1936年に8歳でラ・コルメナに渡った年子さんは、太平洋戦争中の移住地について話してくれた。パラグアイは連合国側となったので、日本は敵国である。移民はこの国の法を守って生活し国の発展に尽くしてきても、パラグアイの国にとっては敵国人だから、監視下に置かれ、日本人会は解散させられ、集会をはじめ日本語教育も禁止された。

「戦争中、日本語の本を広場に集めて燃やしたんですよ。2、3人の子どもたちに火をつけさせたんです。それでね、アメリカ万歳と手をたたいて……」

年子さんは、各家に配られていたガリ版で切った文集をこっそり隠した。それは、貴重な日本語の本になった。人々は警察や近隣の目をかいくぐり、日本語を伝えようとした。困難な時代であっても、日本語は自分たちのルーツであり、誇りでもあった。そして灯でもあったから、日本語と自分たちの文化を守るため、子どもたちを2、3人ずつに分けて近所の大きなユーカリの木の下や倉庫の中でこっそり日本語を教えた。

「戦後日本人学校ができたとき、日本大使がどうぞ思う存分勉強してください、と言ったんです。これで勉強ができる、と本当に嬉しかったです」

年子さんは、何度も繰り返し話してきたであろうエピソードを淡々と語る。そのときの人々の嬉しさを、聞き手も想像して相槌を打つ。

独裁政治の時代

日本の敗戦によりパラグアイの日本人移民は解放され、自由を取り戻した。1952年に移民受け入れが再開され、1954年、戦後初の移民がラ・コルメナ移住地に到着した。日本は戦後の復興が少しずつ行われていたが、まだ貧しかった。戦地から復員した兵士に仕事はそう多くなく、労働力は余っていた。

戦後日本移民を再開し快く受け入れたストロエスネル大統領（1954〜1989年在職）は、長期にわたって政権を維持した。しかし、同時に独裁体制であった。そのころのことを、移住者たちはこう言う。

「ストロエスネル大統領が受け入れてくれたから私たちは移住できた。ありがたい」

「我々は農業移民なので、政治活動せず農業をやっていたから何も不都合なかった」

「かえって軍隊がしっかり取り締まってくれたから、安全だった。泥棒もいなかった」

日本人移民は移住地で農業に専念することでパラグアイに貢献していたから、地道に農業を続けていればさほどひどい扱いは受けなかったようだ。

一方、厳しかった、という声もわずかだがある。パラグアイ人の友人は、こう言う。

「おびえて暮らしていたのよ。家の中でも決して政治の話はしないように注意していたし、近所が様子をうかがっているから、いつ通報されるかわからなかったの」

2011年に、3カ月間アスンシオンに住んだ。日本の都市なら電車の駅前に小さくても本屋を見かけたものだが、アスンシオンでは大きなショッピング・モールの中に1店見ただけで、大きな通りを歩いても書店を見かけなかった。代わりに、路上で雑誌を売っていた。並んでいる雑誌の多くはアルゼンチンで作られていた。ある日、日本語の看板を掲げている日系新聞を見つけたので図々しく飛び込んだところ、新聞社オーナー夫妻は歓迎してくれた。夫妻は、政府の移民団ではなく個人で渡航したとのことだ。疑問に感じていた、新聞や出版に関する質問をしてみた。

「長い独裁体制の間、言論が厳しく統制され、とくに新聞への弾圧は厳しかったから言論が育たなかったんですよ。雑誌への監視も厳しかったですね」

2016年にアスンシオンに住んだときは、書店がちらほら見られるようになっていた。パラグアイ人は、ようやく自分たちで文字の文化を取り戻したのだと感じた。文字文化を取り戻すまで、30年近くもかかったことになる。

また、アスンシオンは首都でありながら画廊が少なく、一方パラグアイよりGDPが低い、そしてチャコ戦争を戦った隣の国のボリビアの方が画廊をよく見かけた。休日の町の広場で、夕方になるとスプレーアートを描きながらその絵を売る人、ギターを弾きながら歌う人などの周りに人だかりができた。あるいは、本や自分の絵や手芸用品を売るフリーマーケットがしばしば開かれていたのを思い出した。パラグアイでは、芸術もあまり育たなかったのだろうと推測した。レストランに入っても、絵を飾っているところは少ない。独裁体制は、長く影響を及ぼすのだと、町を見まわしながらため息をついた。

そんな独裁の時代を潜り抜けて、日系人の中に画家や音楽家が育ってきている。まぎれもなく「移民」の枠から出て、パラグアイ社会へと若い世代は羽ばたいている。絵画の分野では、林ユキさんの絵を記念誌の扉に載せることを承諾を得た。日本画を学んだという彼女の花や木々など植物の絵は、構図や色使いが日本画を彷彿とさせる。画家の絵が記念誌の扉を飾る。おかげで、格調のある記念誌になった。

農産品を売り込むために

多くの人が2ℓほど入る水筒を下げて歩いているのが、パラグアイの風景である。道端ではテレレという冷たいお茶の材料となるさまざまな薬草を売っており、客は自分の好みや自分の体と健康に合うものを選んでいるようだ。郊外行の路線バスに乗ったとき、バスが止まって水筒を持って運転手が降りた。アスンシオンにはバス停がなく、乗りたいときは手を挙げればそこで乗れるが、このときあたりに乗客は見当たらなかった。運転手は戻ってくると運転席で水筒からお茶を一口飲み、満足そうに運転を再開した。薬草は先住民がよく使い、テレレのお茶でビタミン類を摂っているのだろうともいわれている。

テレレともう一つ、ランチメニューで定番なのが牛肉をたたいて薄くのばしパン粉をつけて揚げたカツレツで、その脇にマッシュポテトが添えてある。カロリーがとても高い。肉などにホワイトソースをかける料理も多い。今でこそ野菜サラダがメニューにあるが、昔はあまり野菜を食べる習慣がなかったという。

ラ・コルメナの日系人たちは野菜作りに精を出したが、当初はあまり野菜が売れなかった。日本人は野菜を粘り強く売った。戦後移住の一世ですら、作ったトマトを売るとき苦心したそうである。市場に持って行ってもみな素通りするだけで一瞥もくれない。1個買ってもらうことすら難しい。どうやったら売れるのか。半分に切って、試しに食べてみてほしいと言って売ったこともあった。

ラ・コルメナの人たちはあきらめず直売所を設け、野菜は体にいいことを訴えながら売った。

ラ・コルメナのフルーツエキスポ2016。食べ物の屋台や舞台で出し物があり、盛大

その直売所を通じて口コミで地域に野菜は広がっていった。またテレビの料理番組で野菜を使ってもらうよう働きかけるなど、地道な努力をして地域に広まった。しかし、大都市のアスンシオンは遠く、舗装道路もない曲がりくねった泥道だったから、輸送に1週間かかっていた。編纂委員会の席で泥んこ道を知っているか？と、私と同じぐらいの年齢の委員に聞かれた。子どものころ雨の日は長靴をはいて泥んこ道を小学校へ行ったと答えると、

「そんなもんじゃないんだよ。泥の中にトラックのタイヤが埋まって動けなくなるんだ。だからタイヤを掘り起こすのに時間がかかって、動いてもまたすぐに泥に埋まるんだ」

と言う。現在3時間のバスの道のりであっても、1週間かかったのだ。加えて、暑い。せっかく野菜を作っても悪路をトラックに揺られて野菜は傷んだし、高温のため輸送途中に蒸れて腐ってしまった。

1年を通じて温暖なので、1937年から25年の間ブドウの品種を導入し、栽培してみたが、品質の良いものは取れなかった。土と気候に合う品種があるはずだと、探した。1978年からは仲間をブラジルへ派遣し、ブラジルの苗木を持ち帰って育ててみた。ちょうど水力発電所の工事で労働者が多くおり、彼らがよくワインを飲んだからワインづくりも試したところよく売れた。だがチリやアルゼンチンから良質なワインが密輸さ

れると、パラグアイのワインは見向きもされなくなってしまった。

ブドウは作れなくてもこれまでのノウハウを生かそうと他の果樹栽培に取り組み、実るようになった2010年にフルーツ祭りを始めた。2016年の祭りの日、朝から会場に次々に果物が運び込まれていた。日系人だけでなく、パラグアイ人の果樹農家も増え、地域挙げてのフルーツをアピールし、取引きする祭りになった。どのブースにも大粒のブドウが並んでいる。リンゴや桃、スイカもある。高速バスで6時間も7時間もかかる地域から訪れる人もいる。地域のホテルは1カ月前に予約しないと泊まれないというから、パラグアイ全土にこの祭りは広まり、人気があることがうかがえる。

日系人がオーナーの果樹園ではネクタリンの収穫の真っ盛りで、並木道あり池ありの広大な果樹園でパラグアイ人が収穫作業を行っていた。ここは成功した日系人の農場である。ところどころに広げてあるブルーシートに収穫したネクタリンが積み上げられ、2、3人が箱詰めしている。そこへ2、3人が一輪車でネクタリンを運んでくる。すると一輪車を傾け、ブルーシートの上にネクタリンをザザッとあける。一瞬ぎょっとした。果物は傷んでしまうのではないか。だが作業の人々はまったく気にする様子もなく、黙々と運び、黙々と箱詰めする。日本のように選別していないので、規格はないのだろう。

スーパーに並ぶ果物は豊富で、柿もある。市の中心街で、路上の果物売りの女性から「ボンターン、日本のだよ！　日本人が作ってるよ」と声をかけられた。見ると文旦だった。日系人が頑張って作ってきたものがパラグアイ人にも浸透しているのだと嬉しくて、1個買った。甘さと酸味のバランスが良いさわやかな文旦は、懐かしかった。

スーパーの果物だが、日本の果物と比べるとやや品質は落ちる。立派なブラジル産のオレンジの向かい側に、小さめで肌に凹凸があるオレンジが並んでいる。小さい方がパラグアイ産である。ブドウもしかり。リンゴはチリ産が多い。パラグアイでリンゴ栽培に試行錯誤したことがある。気温が高いためか、アルゼンチンの木では栽培がうまくいかなかった。品種改良が進んでいるブラジルの木が適していることが分かったので、リンゴの生産にこぎつけた。アルゼンチンと土が違うのか気候が違うのか、よくわからないと日本人会の人は笑う。現在もわずかな日系人がリンゴの品種改良を試みているが、なかなか進まないそうだ。

果樹にしても野菜にしても、品種改良や研究がほとんどされていないという日本人会の人の話を聞き、スーパーの果物の品質の謎が解けた。消費者が気にしなければそれでいい、売れるのだからそれでいいということだろうか。スーパーで客の買い物を見ると、見た目にあまりこだわらないようだ。輸入品の方が値段が高いことも、買わない理由であろうか。

アスンシオンの街路樹は、オレンジの木が並んでいた。実が大きくなるのを眺め、やがて熟して落ちて腐っていくのを、毎日眺めていた。街路樹だから誰に権利があるのか。「もったいないから食べよう！」と決心した。背伸びし、思い切り腕を伸ばし、こうもり傘の柄を実に巻きつけて引っ張る。なかなか落ちない。いくつかをようやく拾っていると、通りすがりの女性が「オレンジを取っているの？　向こうの道の木の方が、甘いわよ」と教えてくれた。こうもり傘を持って勇んで行ってみたけれど、実は上の方に残っているばかりで手が届かなかった。すでに人々が取った後だったらしい。

ある程度の広さがある庭には、オレンジ、マンゴー、パパイヤの木があるから、果物には困ら味も多かった。

ないらしい。買って食べるほどではないということか。先の街路樹のオレンジは、甘いけれど酸

長野県から移住した富士見ホテルの初代

ラ・コルメナでの宿泊先は、「富士見ホテル」である。地域の人たちは小さな丸い山に「コルメナ富士」と名づけ、またホテルの前には富士山の絵を描いた看板がある。ホテルの若女将は、「祖父が長野県の富士見というところから移住したんだそうですよ」と言う。富士見町のどのあたりに住んでいたのか、移住するころの富士見町はどのようだったか、詳しい話をご両親に聞きたいとさらに頼んだが、日本の富士見町がどんなところかもなぜ移住したかも知らないという答えだった。

東京の新宿駅からJR中央本線に乗り、山梨県から長野県に入ったところにあるのが富士見町である。冬、新宿高速バスターミナルから山梨県と長野県の境にある富士見峠にさしかかると山々が迫り、峠を越えるとちらついていた雪がさらさら降る。八ヶ岳の西側斜面はそれでも日照時間が長く、冬でも朝8時ごろから午後4時ごろまで日が差すが、向かい側にある山や南アルプスの東斜面は日照時間が短く、「半日村」のひとつだという。朝日は受けるが、午後早い時間に山の陰になってしまうため、作物が育たない。富士見町の峠近くに「山浦」と書かれた石の道標があった。「浦」から察するのは海や大きな川など水のほとりだが、このあたりは峠となっており、水は見当たらない。「うら」という音から連想すると、「裏」の文字を置き換えたものではな

いかといわれる。

富士見町は八ヶ岳の西斜面から南アルプスの東斜面まで広い。甲州街道沿いにあるこの町は近隣の農作物の売り買いがあり、人の流れがあったという。八ヶ岳の西斜面側の人に聞くと、実家は旅館をしていたので経済的な余裕はあったが、周囲の農家は決して楽な暮らしではなかったという。

富士見ホテルの看板。向かって右が JICA シニアボランティアの奈田俊さん、左が筆者（奈田俊さん提供）

富士見町の歴史書には、明治初期の農業は米が主だったが標高が高いことや土地が痩せていたこと、水が冷たく水田としての条件が悪かったことなどから収穫量は少なく、米は売るために作り、自家用には雑穀を作っていた。江戸時代に諏訪一帯を治めた高島藩は副業として養蚕を奨励したが、富士見町での養蚕が始まった記録は明治に入って見られる程度だった。明治中期には日照条件の悪い地域でも急速に桑畑が拡大し、その間、米の作付けに大きな変化はなく、大正時代に入っても横ばいだった。

富士見町からの海外移民は明治末から大正にかけて、アメリカに9人が渡ったが6人が帰国し、永住したのは3人だった。1921年から1934年までの間に、ブラジルへ14人が渡っている。ブラジルへの移民は、この地域の青年たちの間に「ブラジルへ行かなければ青年にあらず」いう南米移民熱が高まっていたからだ。「日本力行会」という組織があり、苦学生救済のためにアメリカ移民を進めた島貫兵太夫牧師が創設した援助組織で、永田稠《ながたしげし》がその活動を継いだ。永田は、アメリカで日本人排斥の強まりからブラジルを視察。ブラジルへの移民を推奨し、その熱意がサンパウロに「南米信濃村」を作ろうという計画へと発展した。そして米の収穫量が少なかった富士見村の青年たちの間に、海外発展熱が広がった。

富士見地域は当時4カ村に分かれていた。その中で富士見村は山仕事や出稼ぎで経済を回していたが、養蚕に力を入れてからは収量が上がり、経済的に一息ついたように見られた。しかしそこで起こったのが世界恐慌で、アメリカ経済が落ち込むと生糸の輸出が打撃を受け、製糸工場も休廃業に追い込まれた。１９３９年に建設勤労奉仕隊が設立され、ブラジル熱は満州での農場建設へと向かった。

南米への移住者がもっとも多いのは広島県で約11万人、続いて沖縄県約9万人、熊本県約８万人であり、長野県は約６７００人で全国第23位である。（ＪＩＣＡ資料『われら新世界に参加す』）

富士見ホテルの先々代が、海外発展熱を語った青年会の1員だったかどうか、満州へ行ったのかどうかわからないし、ブラジルからの転住者だったかもしれない。海外移住を志した人たちの経緯は多様で、それぞれの人に膨大な歴史と物語がある。

広い土地で農業を志した現代の農業青年

日系人が経営する富士見ホテルのそばにあるピーマン畑で、農作業をしている青年がいた。日本から、それも八ヶ岳の麓にある農学校で学んだという。八ヶ岳中央農業実践大学校というのが正式名称で、1938年に大学校の前身の八ヶ岳中央修練農場が、疲弊した農村経済の復興にあたる指導者を養成するため設立された。現在、高校卒業後、2年間の専修コースと大学や短大など2年以上の学業を修めた学生向け1年の研究コースがある。ただし、この大学校は標高1300mの高地にある。八ヶ岳農業実践大学校での農業とパラグアイでの農業は、気候も土も勝手がだいぶ違うのではないだろうか。

寒冷地で習った農業と熱帯とは違うのではないかと聞くと、ずいぶん違うけれど農業の基本は教わったのでいろいろなやり方を試してみているとのことだ。今はピーマン専門だそうで、畑には立派なピーマンが実っていた。

「日本よりもパラグアイは広いから、広いところで農業をやりたかったんです」

と、青年は言った。

戦後間もないころの一世の人たちの移住の理由は、「畑を借りていたがとても狭くて食べていけなかった」「山の中の狭い土地で生活が苦しかった」「地元でも大きな家だったが破産した」など、生活のための移住が多かった。東北出身のある家族は、長男だけを日本に残し、親戚こぞって移住したという。その長男がパラグアイの親戚宅に宿泊していた。「パラグアイは暖かくてのんびりしていい」と高齢になったその人はニコニコしながら言う。つかの間の休みを取っているように見えた。「一旗揚げようと思った」人たちもいるが、日本の生活よりもさらに大規模な農地を求めた。

日本の経済が好調になってきてからの移住者の中には、外国で夢をかなえたくて渡航した人もいる。ラ・コルメナでピーマンを作っていたこの若者がなぜ戦前の移住地を選んだのか、私は理由を覚えていない。ただ、夢をかなえることを目的として移住する日本人が現れたことは、新たな世代、新たな時代になったのだと感慨を覚える。

地域の人と共生し、国に貢献することが使命

「我々は、パラグアイに租界を作るために来たのではありません」

こう断言した、戦後移住地チャベスの松宮さんの言葉は、強烈だった。租界とは、外国人が警察や行政を管理する地域のことで、イギリスが地域を管理した中国・上海の租界が始まりで、のち、日本も中国に租界を作った。

ラ・コルメナの日本人移民の仕事ぶりにすっかり信頼を置いたパラグアイ政府は、1955年、南西部にある地域に移住地を作った。パラグアイ政府主導の地域で、対象は日本人だけではなく世界各地から入植し、日本人の移住は1957年と遅れた。戦後パラグアイと日本との国交が回復したのがこの年であり、また日本政府の移民方針が定まらず、すぐに対応できなかったためである。日本からも希望者が押し寄せ、すぐに予定した土地はいっぱいになり、パラグアイ政府は隣の土地を用意しなければならないほどだった。

松宮さんはその第1期に入植し、チャベス地域で自治会組織を作った。移住した人々の、覚悟のほどを表した言葉である。続けて、きっぱりとこう言った。

「この国に貢献することが大切なんです」

松宮さんは、移民として、日本人として、この国と社会に貢献することを模索しながら、移住地のあり方を探り、またその信念が松宮さんの人生を作ってきた。体は細いが筋が通った信念が、松宮さんの体からあふれていた。

チャベス地域の日本人会の会員は26世帯と少ないので、日本人だけがまとまるよりもチャベス移住地としての取り組みや、住民どうしの交流などを大切にしている。他の国の人との交流が盛んであれば自然と使用言語はスペイン語が主になり、日本語を使うことが少なくなる。日本人会でも日本語を使うことが困難になったので、会議はスペイン語で行っている。

1971年に日本語学校を開校したころは子どもが70人いたが、子どもの数が減り、1991年には生徒がゼロとなり、ついに閉校することとなった。幸い1993年には8人の子どもが入学し、学校を再開した。それでも2016年の生徒数は7人で、複式授業を行っている。

稀勢の里の優勝に乾杯

2011年、日本語教師の研修生としてアスンシオンに滞在したとき、学校が探してくれたのが八千代さん宅で、シニアボランティアで赴任した際も間借りすることにした。1間プラス小さな台所とバスタブのないシャワーだけの部屋だが、さっぱりした八千代さん夫妻宅が居心地よかったからだ。レンガ造りの家で部屋の床は石のタイルは、暑い国だから夏はひんやりして気持ち良い。しかし夏、壁のレンガは温まっていて夜はなかなか冷えず、エアコンを1日中つけっぱなしである。この国は東部にイタイプ・ダムという発電量世界一の大きいダムがあるのだが、夏はよく停電する。発電した電気はブラジルに輸出していると聞くと十分にあると思うが、夏になると人々が一斉にエアコンを使うから停電が起こる。人々は、「あ、また」という表情で騒がない。一息入れようと寄った飲み物スタンドで冷たいジュースを注文したところ、停電だから冷たいものは出せないと断られた。

そして冬の朝は吐く息が白いほど気温が下がる。冬の床の冷たさに、部屋の中でスリッパをはいていたら足が冷えて夜眠れなかった。さすがに冬は温かい湯を張った風呂に入りたいと、シャワーの湯がなくなるまで浴びながら思ったものだ。

夫妻は私とほぼ同年代で、私は日本で育ち日本で学校へ行き、日本で自分の家庭を持った。

八千代さん夫妻は、それぞれ日本の義務教育の途中で両親とともにパラグアイへ渡った。お連れ合いの啓文さんは、筋を通す日本人意識を強く持っている。当たり前のことだが、日系人にもいろいろな人がいる。住んでいるその地、その国の文化の影響を知らず知らずに受けている。そこに住む大多数の人の考え方が、社会の常識となり規範となるからだろう。啓文さんは、まっすぐな意識の持ち主であることが、話すほどに表れてきた。パラグアイ人経営の会社に勤めており社長の右腕だそうで、会社の業績が良くなかったとき、きめ細かい対応と誠実な態度の経営を貫き、業績を回復させたそうだ。それは啓文さんの仕事に対する誇りであり、生き方としての誇りでもあることが、言葉の端々から窺えた。日本からこんなに遠く離れた国で暮らしていてどうして筋を通すことができるのか、不思議だった。啓文さんは日本の製品にも誇りを持ち、自分が日本人であることについても、胸を張っていた。

「佐藤さ〜ん、アサードやるから一緒に食べん？」

八千代さんに呼ばれた。アサードとは南米のバーベキューで、炭火の30〜50㎝上に網を置き、遠赤外線で牛肉を焼く。とても時間がかかるので昼食の場合、朝から火をおこし、時間をかけて焼くから、肉の余分な脂は落ちる。肉を焼くのは、たいていその家の主か男性のようだ。女性たちは、サラダやおにぎりなどを用意している。私の前にもビールが注がれた。稀勢の里に乾杯！と、啓文さんが音頭を取る。相撲である。

「日本人の横綱ですよ。久しぶりに、日本人の横綱が優勝したんですよ」

と、啓文さんはとても嬉しそうだ。そういえば、しばらくモンゴル人横綱が優勝を重ねていた。日本人が優勝したことを、日本から遠く離れた国で、こんなにも喜ぶ人たちがいる。

よく隣のリビングからＮＨＫの相撲や野球のアナウンスが聞こえてくる。毎日の楽しみのようだ。啓文さん自身野球チームに入っており、対抗試合にも出かける。元プロ野球の岡林洋一投手はパラグアイ生まれで、しかも啓文さんの出身地である高知県の高校から専修大学へ進んだ。プロ野球選手を出すぐらいほど、パラグアイでは野球が熱心だ。女性の間ではバレーボールが盛んである。

八千代さんは、スーパーの地下駐車場の片隅を借りて、巻きずしや焼きそばを出す小さなすし屋を経営しており、パラグアイ人に評判がいいようだ。私もたまに八千代さんの巻きずしを買った。ほどよい酢飯の酸味と卵焼きやキュウリなどの具を使った巻きずしは、日本の味がした。

八千代さんが私にこう問うた。

「巻きずし、作る？」

「ムムム……。（昔作ったことはあるけど……）いえ、作らないわね」

「な〜んで？」

買うから、という私の答えに、八千代さんはあっけにとられたに違いない。ちょっとの手間で作れるものを、なぜ買うのか？

「それじゃ、巻きずしの作り方を教えなきゃいかんね」

八千代さんは、明るく言う。日本を遠く離れた異国で、日本に何十年も住んでいなかった人に、日本の料理を教えると言う。

またある日のこと。女性たちの俳句の会に入ってくれないか、と乞われた。会員が少ないのだそうだ。私は日本生まれ日本育ちの日本人だけれど、日本の文化が何でもできるわけではない。

「大丈夫。川柳のような人もいるし、ただ描写する人もいるし」

枯れ木も山の賑わいである。まあ、時間もあることだし誘われたのもご縁である。80歳の女性は秋、野菊を織り込みながらの母親の墓への墓参りを詠んだ。その歌から紡ぎ出される情景には、しんみりさせられる。

歳時記や季語集を見ながら、ああでもない、これがいい、パラグアイには雪が降らない、桜はないけれど「ラパチョ」の花が春一斉に咲くから「ラパチョ」にしようか、など次回の兼題を全員で議論する。日本にない季語をいかに解釈し、自分たちの住む地域に合う俳句を作るか。楽しそうな会員の様子を見ていると、俳句は世界中で広まる可能性を秘めていると実感する。実際、英語で俳句を作っている人たちがいるほどだ。

その「ラパチョ」はブラジルでは「イッペイ」と呼び、日系人たちはこの花に桜を重ねて日本を懐かしんだそうだ。大ぶりの花で濃いピンクと黄色の2種類がある。春、桜と同じように葉が出る前に一斉に花が咲く。日本の「こぶし」か「もくれん」の花に似ており、桜よりもどっしりした感じである。アスンシオンは高層ビルがとても少なく、住宅が延々と広がっている。家の敷地は日本より広く、多くの家の庭に屋根より高いラパチョの木があるから、ラパチョの花に覆われる町の様子は圧巻だ。真っ青な空を背景にしたピンク色の花に見とれ、花を見上げていると花とともに青空に飲み込まれそうになる。

八千代さんの移住生活

八千代さんは、いつも国語の辞書と「漢字ナンプレ」の本を携えている。漢字を覚えるためだそうで、わからないとすぐに辞書を引き、書いて覚える。「これ、わからん」と私に差し出されたナンプレはかなりのレベルで、私もわからなかった。私の知識の底をひっかきまわしても出てこない。そんな難しい漢字ナンプレに、八千代さんは少しの時間も見つけると取り組んでいる。

「私は小学校のとき移住して日本の学校へあんまり行ってないから、漢字を知らんのよ」

八千代さんは愛媛県生まれで、パラグアイへ移住したのは小学校6年生のときだった。父親は、「パラグアイで一旗揚げるぞ！」と意欲満々で船に乗った。船旅は長かったが、船内で運動会をやったり、いろいろな人と知り合いになったり、楽しかった。

船を降りて列車に乗り、森を抜け町を抜けた。ようやく列車を降りたとき、木々が生い茂っていた。「ここが話に聞いたエンカルナシオンか？」「エンカルナシオンは町だと聞いたぞ」などと、

パラグアイに到着したときのエンカルナシオンの宿舎（小松八千代さん提供）

男性たちが口々に言った。エンカルナシオンはパラグアイの東部にあるアルゼンチンとの国境に近い町で、駅は町から少し離れていた。森の中にある宿泊所と言うと聞こえはいいが長屋のような建物に何日か泊まり、そこからそれぞれの移住地にトラックで入る。

八千代さん家族はエンカルナシオンから60㎞北にある、日本政府がパラグアイ政府と契約したピラポ移住地に向かった。ピラポ移住地が開かれたのは１９６０年で、最初に26家族が入植したあと、ドミニカやパラグアイの別の移住地に入植した人たちが転住した。１戸当たり30町歩の予定で募集したが、１９６５年以降日本からの入植希望はなくなった。現在も、ピラポ移住地に入ると東北弁や四国弁が飛び交っている。

八千代さんが乗ったトラックは、ひどく揺れる道をゆっくり進んだ。トラックを降りたとき、目を見張った。見渡す限り木、木、木で、木には太いツルが巻き付き、背丈ほどの高い草が生い茂っている。

「ここが目指していたパラグアイ？　わあ、これがジャングル？！」

八千代さんは、ジャングルというものを見たことがなかった。それも、目の前に壁のように立ちふさがっている。日本の町で生まれ育ち、少し行けば工場があり賑やかだった。移住地で八千代さん家族に割り当てられた区画はそのジャングルを分け入ったさらに奥で、道も自分たちで作らなければならないような所だった。ジャングルは、八千代さんと3歳年下の弟の、格好の遊び場所になった。

「そりゃあもう、面白かった。そこら中に生えている木の葉っぱも見たことがないし、日本の木よりずっと高いし、珍しくて面白くて」

さっそく、弟とジャングルの中へ入ってみた。少し歩くだけでも下草やツルに足をとられ、ズボンをはいていてもひっかき傷ができた。準備して、もう1度探検しようと思った。

両親は、ジャングルを見ながら何か熱心に話し合っていた。きっと、どうジャングルを切り拓き、畑にするか頭を悩ませていたのだろう。これが夢に見た耕作地なのだろうかと落胆した者、この先の生活を憂える者、気を取り直して開拓し始めた者、怒りを隠せなかった者など、反応はさまざまだった。八千代さんの両親は、日本で移住者に1戸当たり30町歩の土地が用意されていると聞かされていたので、前に突き進むことしか考えていなかったようだ。狭い日本の土地から解放され、広々とした大地で耕作できるのだと夢見て、はるばる太平洋を渡り、長い時間、トラックに揺られて移住地に立ったのだ。目の前にジャングルが果てしもなく広がっていようと、これが自分たちの土地なのだと奮い立った。木を切り倒し、草を焼き、土を掘り返す。重労働の毎日だった。

両親が忙しいのはわかっていたが、八千代さんはジャングル探検に出かけた。日本では野生の動物といえばタヌキやキツネ、ウサギなど、小動物しか見ていなかったのが、日本では見たことがないサルがいるし、きれいな色の鳥や大きな鳥がさえずっている。夢中になるあまり、ジャングルのあちこちを歩いていた。ある日、彼方をトラが歩いているのを見て、大慌てで家に駆け

ジャングルの開墾（所蔵：JICA 海外移住資料館）

戻った。南米にトラはいないが、小学生の八千代さんは知らない。ピューマだったかもしれない。ジャングルは何が待っているか、毎回違う発見があるから面白くてたまらない。

八千代さんと弟は、毎日厳しい顔をして開墾に挑戦している両親に隠れてジャングルへ遊びに行ったが、両親に見つかると、「そんな遊んでばぁっかりおらんで、手伝え！」と怒る声が飛んできた。弟も働かされた。八千代さんの分担は食事の支度で、１００ｍほど下った川へ水汲みに行く。両手に水を満たしたバケツを下げて家まで登るのは、小柄な八千代さんにはたいへんな力仕事だった。毎日毎日、水汲みに炊事、草刈り、田植えをさせられた。

ジャングルに遊びに行ったある日の夕方、父親は激怒して八千代さんを殴った。はじめは何が起こったのかわからなかった。土間まで吹っ飛んだとき父親の怒りの声が飛んできた。

「日本を出てきたからには、成功しなきゃならんのだ！」

父親の「成功して帰らな！　子どもらも、よう働け！」という言葉は口癖で、60年たった今もはっきりと覚えている。一家が結束して働くことは移住地では当たり前のことだっただろうが、まだ子どもだった八千代さんには、両親の考えはわからなかった。

母親は女学校を出ていた。戦前、女性が女学校を卒業するということは裕福な家だったということだ。父親は、移住者の中では経済的にゆとりがある方だった。愛媛県で農地を持っていたが、

移住当時の家

渡航のため家も山も畑もすべて売った。1960年当時で180万円ほどになった。その金で、移住先では手に入らないかもしれないからと、日本の農機具を買えるだけ買いそろえた。衣類も子どものものは大き目のものを選び、現地で使うかもしれないからとドラム缶を手に入れ、洋服などをぎゅうぎゅうに押し込んだ。

日本で生活に余裕があった農家に生まれた父親が、なぜ移住を決意したのか。八千代さんには今もわからない。父親と移住について話したことはない。親がすべてを決め、子どもは親に従うものだ。もし八千代さんが「なぜ？」と聞いたとしても、「子どもは親に従え！」と言われただけだっただろう。

次男だった父親は、太平洋戦争で8年も南方へ行っていた。激戦を生き延びてようやく帰国したものの、日本は肌に合わなかったのかもしれない。長男は跡取りとして家を継ぎ、家の大半の畑をもらったが、次男の父親がもらったのはわずかな畑と山だった。そのわずかな畑で生計を立てることに、少々不安を抱いたのかもしれないし、戦後の混乱が収まると外国へ行きたいという気持ちが募ってきたのではないかと、八千代さんは考えている。

ちょうど南米のパラグアイという国に移住する人たちの話を、父親は小耳にはさんだ。パラグアイ国がフラムという移住地を用意し、さまざまな国からの移住者を募っているというのだ。父親はパラグアイがどのような国なのか、それどころか南米のどこにある国かも知らないのに、移住したくてうずうずした。だが八千代さんの祖母はそれを知ると血相を変え、「私を置いてあんたはどこへ行くんか！」と言った。その祖母の言葉に、父親は移住を断念した。数年後、祖母が亡くなったとき、父親は移住の夢がまた頭をもたげてきた。フラム移住地の募集は終わっていたが、日本の国がパラグアイ国と交渉して作ったピラポという移住地が希望者を募集していたので、父親は応募したのだった。

八千代さんはパラグアイでスペイン語の小学校に4年生までの2年間通ったが、やめてしまった。勉強が好きではなかったから、学校をやめても何も思わなかった。パラグアイにはドイツ人移住地があり、弟はそこの学校の寄宿舎に入って勉学に励み、長じて弁護士になった。しかし学校をやめた八千代さんの仕事は、以前と同じ水汲み、炊事、洗濯、畑、家畜の世話である。夜明けとともに家畜が鳴き、餌をやる。このころには開墾が進み、畑も広がり、日本人の移住地では農協が開設されていた。

友人の家に行くと農協で買ったのであろう、日本の雑誌などがあった。少々羨ましく思い、両親にねだってみたが、買ってもらえなかった。八千代さんは持って行ったトランジスタ・ラジオを聞くために針金でアンテナを作って聞こうとしたが、取り上げられた。「ラジオなんか聞いて、どうするんだ」と、父親はそのトランジスタ・ラジオを食料品に変えてしまった。日本にいたときは父親にねだると雑誌を買ってくれたものだったが、パラグアイに渡ってからは1冊も買ってもらえなかったことが、八千代さんは少々悔しい。日本で母親に1冊だけ買ってもらった小説は何度も読み返し、だいぶ傷んでいるが大切に保管してある。

人に会うことはめったになく、ジャングルも毎日見ていると飽きてきた。15歳のとき、ここにいても自分の将来は開けないと思い、移住地周辺の大きな町に出ることにした。昔、パラグアイに到着したときに宿泊所があった町である。舗装されていない凹凸の激しい泥道だったので、現在は路線バスで1時間ぐらいだが3時間かかった。仕事は3年契約の美容師見習いだ。子守や家事を手伝いながら美容師の技術を習うことは厳しく、いつになったら美容師になれるのだろうか、いっそ辞めたいと思ったが、母親に「芸は身を助ける、だから辛抱しろ」と言われ我慢した。

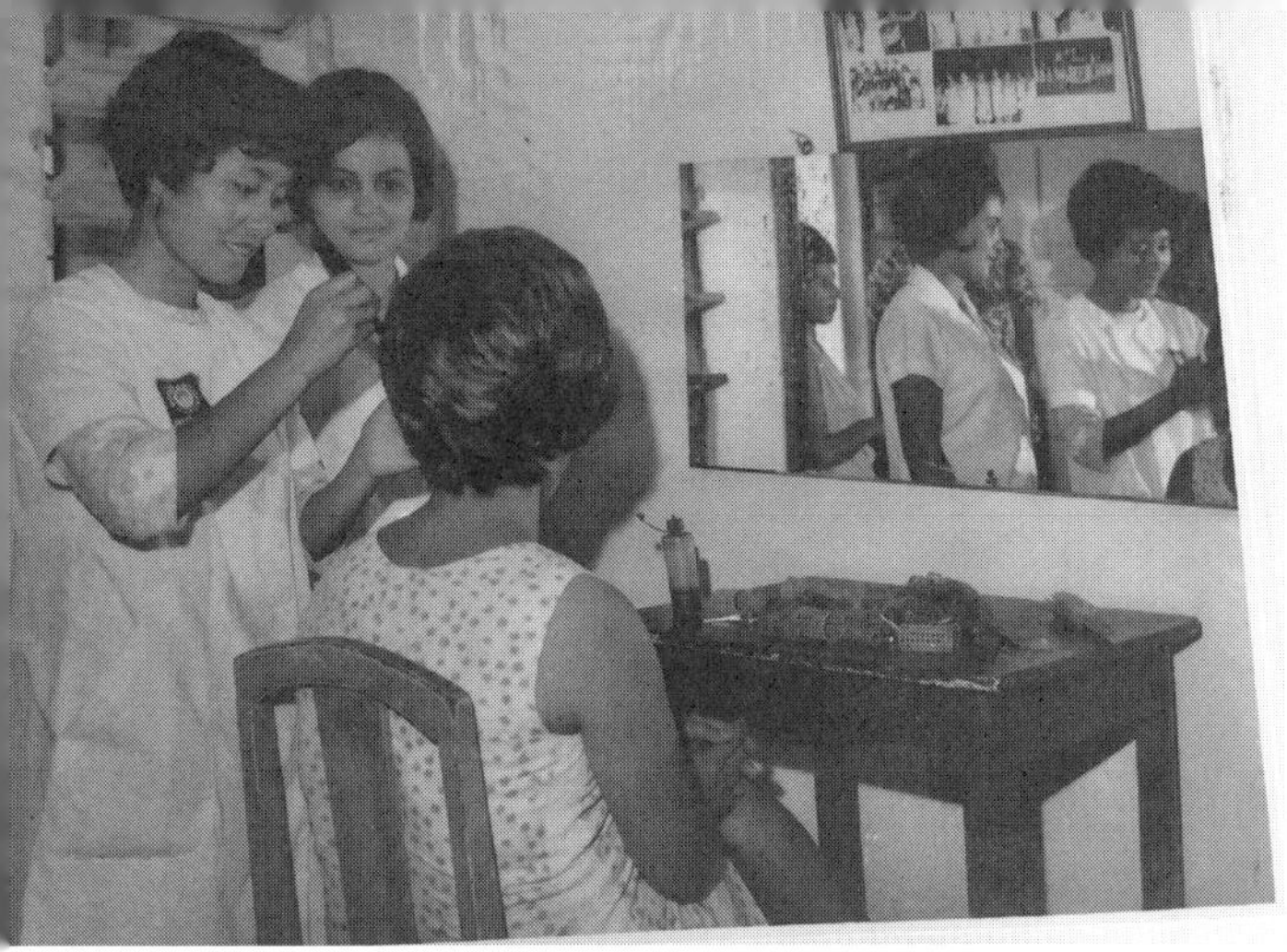
美容師になった八千代さん（小松八千代さん提供）

1年半ほど過ぎ、ようやく美容師の下働きができるようになったころ、新たな見習いが入った。その後輩は移住地で友人たちと文通などをしていたようで、自分が書いた詩のような文章を見せてくれた。八千代さんも書いてみようとしたが、漢字も文章も小学校2年生程度のものしか書けない。日本を出て以来、読む本はほとんどなく、文章もほとんど書いていない。スペイン語の現地校へは行ったもののたった2年でやめ、その後学校へ行っていないからスペイン語もほとんど覚えていず、話せるスペイン語もわずかなものだということに気がついた。このままでは日本語もスペイン語も、読めない書けない人間になってしまうと慌てた八千代さんは、仲良くなった後輩から本を借りて読むことにした。吉川英治著の『宮本武蔵』は難しく、1晩に2～3ページしか進まないが、根気強く読み続けた。

3年の契約が切れ、移住地に戻ってからは1カ月に2回の青年学級に通い、日本語を学んだ。結婚してからは辞書を引きながら家計簿をつけることが、日本語と漢字の勉強になった。夫の啓文さんとアスンシオンの町に出てからは、美容師として働き、美容雑誌を購読して熱心に読んだ。

その雑誌の最後に読者の投稿欄があった。ちょうど日本の親戚を訪ねて一時帰国した母親を空港に出迎えたときのことを思い出し、投稿してみたら入選した。日本の小学校で読書感想文を書いたとき先生に褒められ、みんなの前で読んでもらったことを思い出したときの嬉しさがよみがえり、八千代さんはもっとたくさん書こうと思った。新聞や雑誌に投稿したところ、『婦人公論』からパラグアイ生活についての原稿依頼が舞い込み、さっそく夜、原稿用紙に向かい、1週間ほどかけて仕上げた。何度か『婦人公論』には原稿を送っていたので、啓文さんが出張で日本へ行くとき一緒に行き、勇んで編集部を訪ねた。無謀とも思わず編集部のドアを開けると、編集部の人たちは少々驚いたようだが「面白い人」と言われた。編集者と会い、手土産をもらったことは、人生の一大感動だったと八千代さんは嬉しそうに語った。

私は1つ見落としていた。八千代さんは日本で生まれたので日本人であり、啓文さんも「私は日本人です」と言い切る。2人とも日本国籍を持ち続け、パラグアイの永住権を持っている。移民と言っても、一世は日本国籍を持っている日本人である。

豆腐100万丁計画

2011年3月11日。東北地方を中心に、東日本を大きな地震が襲った。「東日本大震災」である。この大地震と続いて起こった津波の大変な有様は世界中に報道され、ボリビアでは日系人たちが募金活動をした。パラグアイでも岩手、宮城、福島の県人会や日系農業協同組合中央会に所属する農業協同組合、宗教団体が義捐金を日本の全農や各県の対策本部などを通じて送った。移住地の日本人会を組織した日本人会連合会でもそれぞれの移住地の施設などに募金箱を設置し、日系社会全体で募金活動を始めた。また、パラグアイ人にも協力してもらうため、パラグアイ人が参加しやすいイベントを考えた。日本文化や和食を紹介しながらの募金の呼びかけ、震災募金チャリティー・コンサートの開催、日系企業主催としてチャリティー・マラソン大会の実施などであった。こうして集まった義捐金2万ドルを、在パラグアイ日本大使館や赤十字社を通じて被災地に送った。

元駐日パラグアイ大使の田岡功氏は、日本に駐在していた2007年に起こった新潟中越沖地震の被災地を訪ねたことを思い起こした。

「まだ為替のレートが日本円は高かったときで、募金を送っても日本円にすればわずかでしかないんですよ。もっと被災地のためになることはないかと考えてみました」

100万円、200万円のお金を寄付しても、復興のための多額のお金の一部として組み込まれるし、集めたお金がパラグアイでは大きなお金でも為替レートで日本円にすると少なくなってしまう。人々の思いをもっと形にできないだろうか。

「パラグアイは大豆の生産国であり、とくに移住した日本人が大豆を作っています。その大豆を豆腐にして贈ったらいいのではないだろうか、と」

この震災の10年前に、パラグアイの日系農業協同組合中央会と日本の岐阜県との間に食料供給協定を取り交わしていた。そこで、この協定を実現できないだろうか、義捐金ではなく物資で支援はできないものか。ちょうど岐阜県にある株式会社ギアリンクス社の社長が、非遺伝子組み換え大豆を生産しているイグアス地域の農協に大豆の買い付けのためパラグアイを訪れていた。

ギアリンクス社は、2000年に設立された新しい会社である。岐阜県の「ギ」、アルゼンチンの「ア」、それらを結ぶ「リンクス」が名前の由来だとのことだ。岐阜県が打ち出した食糧確保計画の呼びかけに賛同した同社が、アルゼンチンで安全な食品を開発したり、緊急時には食糧増産を図り、また食糧の調達を目的として、パラグアイの農産物も岐阜県で紹介しながら緊急時には日本の農協と協力して食糧を確保できるように動いていた。

田岡大使とギアリンクス社の社長は、在パラグアイ日本大使と会談し、パラグアイ産の大豆を使った豆腐を被災地に送るという案がまとまった。豆腐は日持ちしないが技術は進歩しており、豆腐を15日間は日持ちできるという。パラグアイの日系人が作っている大豆で日本を支援できるのは、願ってもない良いプロジェクトだ。イグアス移住地の農協にも連絡したところ、快諾してくれた。日本人会連合会にも声をかけ、協賛支援を取りつけた。こうして、「東日本大震災豆腐支援プロジェクト」が正式に発足した。イグアス農協から岐阜に送ってあった100トンの大豆を日本のギアリンクス社に寄贈し、ギアリンクス社が日本にある豆腐製造会社で製品化した豆腐を被災地に送ることにした。

当初、日系社会は大豆を送ることには賛同しても、豆腐にすることには疑問を持っており、賛同者はそう多くなかった。

「大豆を送るだけではなく、豆腐ならそのまま食べてもいいし温かくすれば被災した人は嬉しいのではないか、豆腐は栄養があるから役に立つのではないか、ということなんですよ」

田岡大使は周りの人々を粘り強く説得し、日系団体にも少しずつ賛同者が増えていった。

ここで、大豆を日本へ送る輸送経費の問題が上がった。イグアス農協はその輸送コストも賄うことを申し出、募金活動を始めた。日本人会連合会もこの豆腐支援プロジェクトへの募金活動に再び取り組んだ。豆腐プロジェクトを知った、各移住地の所管の市役所や国会、それにパラグアイ人からも支援金が寄せられ、総額35万米ドルに上った。

日本の被災地では建物の倒壊や大津波での破壊により道路は寸断され、物資を運ぶことができなかった。豆腐100万丁は、2012年2月にようやく届けることができた。被災地から、豆腐を送ってくれたことへの感謝の手紙が多数届いた。

町の中にある国境

街の中に国境がある。フェンスも何もなく、道路を横断すると隣の国である。案内してくれたのは、アマンバイ日本人会の古賀さんである。おいしいレストランへ行きましょうと誘われたのが、隣接するブラジル側の店だった。

「道の真ん中に国境のしるしがあるよ」

中央分離帯の幅が日本の4車線分ぐらいある、片側2車線の道路に出た。中央分離帯には草しか生えていない。やけに広い道路を渡っていると、中央部に直径1mぐらいの円筒形のコンクリートの国境表示があった。言われないと気づかないほどただコンクリートの塊があるだけである。道路を渡りきると歩道が広くなった。太い街路樹の並木が続く。

「ブラジルの方が歩道も整備されていて歩きやすいから、毎朝この道を散歩するんだよ」

ここはブラジルだと言われて、店のショウウィンドーを覗きながらゆっくり歩いた。靴屋もブティックも商品はパラグアイのデザインと違うし、ウィンドーのディスプレイも違う。パラグアイの洋服は体にぴったりして女性のラインを強調するものが多いのだが、ブラジルのものは少しゆったりしていたり、花柄のブラウスなどかわいいものが多い。靴は、パラグアイは暑いせいかサンダルが多いように思うが、ブラジルは少しシックなパンプスがある。住んでいる人々は、勤めであったり買い物であったり、毎日のようにパラグアイとブラジルとを行き来している。国境線は日常生活の1コマになっているが、されど国境線である。たった1本の線がこれほどの町の違いを生み出している。

国境のフェンスがないので密輸してもわからないのではないかと聞くと、古賀さんは帰りにブラジル側の税関の建物まで案内してくれた。先ほど渡った広い道路をはさんでパラグアイの国旗が翻っており、パラグアイの税関だそうだ。それぞれの建物の駐車場には、大型トラックが何台も止まっている。つまり、密輸していない。ここでの密輸はマフィアがすることのようだ。

「危険なことなんて、な〜ンもないよ」

「たまに、ピストルの弾が頭の脇を飛んでいくけどね」

と日系人たちは笑いながら言う。マフィアが抗争をするらしい。この町では日本語の教師の派遣をＪＩＣＡに申請したいのだが、なかなか派遣してもらえないと先生たちは残念そうに言う。危険だというのが理由である。しかし、違う文化が混在する町は発見が多いだろうし、わくわく

アマンバイ移住地。日本人会60周年記念行事のために料理を準備する

するだろう。アマンバイ日本語学校の子どもたちの中には、ブラジル側に住みパラグアイの日本語学校に通っている子もいるとのことだ。

アマンバイ移住地は1959年、日本・パラグアイ間の移住協定により日本人約8万5000人の受け入れ計画が進み、1960年に移住地が開設された。この計画に先んじて、1956年からこの地域に広がるコーヒー農園が契約労働者を募集しており、労働者として日本人が相次いで移住したのだが、受け入れ態勢が整わず労働者たちは町から遠いジャングルの中での苦しい生活を強いられた。その上コーヒー農園の経営も不振となり、労働契約を打ち切られた人、自ら他へ転じた人、自営農に挑戦したがうまくいかなかった人など、生活は困窮した。日本政府に移住政策改善の嘆願書も出されたという。現在、移住地で営農する人はわずかにいるが、多くは町に出て商売に転じ、安定した暮らしができるようになった。

アマンバイの町とブラジルの町を案内してくれた古賀さんは、日本国籍を持ち日本で生まれ育った日本人である。できればブラジルに住みたいが「とりあえず」住んでみたアマンバイの日本人たちが親切で、ブラジル移住の決心がつかない。古賀さんは、大型船舶の船員だった。日本へ帰ろうという気にならず、最後になぜかここに落ち着いた。日本の風土が自分に合わなかったことも理由に挙げている。子どものころから世界に興味を持ち、日本を出てみたいと思っていた。

「読みたい本が山ほどあるからね、パソコンなんてものをいじっている暇はないんだよ」

と、現在、読書三昧の日々を送っている。最近日本から渡ったラ・コルメナ移住地でピーマンを作っていた青年同様、自分の居場所を世界の中で開拓する日本人たちがいた。

日本を残す努力

パラグアイは「日本が残っている」とよく評されるが、移住者たちは日本の伝統を残そうと多大な努力をしている。ブラジルとの国境の町、アマンバイのスーパーにはブラジルの日系人が作っている醤油やみそ、納豆などが豊富に並んでいる。そのうえブラジル側のスーパーでも買い物ができ、パラグアイでは手に入らないような海産物、とくに新鮮な魚が手に入る。アマンバイ日本人会の移住60周年記念行事では、和食がずらりと並んだ。船盛りにした刺身は、新鮮なマグロや白身魚などである。婦人部の手料理の煮しめは日本の家庭の味であり、手作りの饅頭もある。もちろん、巻きずしもたくさんある。

「日本のものを食べたくても手に入らなかった。自分たちで作るしかなかったんですよ」

と、婦人部の人たちは手元にある材料で、自分の舌が覚えている味を再現してきた。

ブラジルのイグアスの滝に近いイグアス移住地の広場には鳥居があり、仏教の寺もあり僧侶がいる。日本が凝縮しているような地域である。

イグアス移住地では、以前、日本から和太鼓の製作者を招いて太鼓の作り方を学び、太鼓を製作していたが、今は日本の需要が激減したため休止している。和太鼓は年輪を重ねた太い幹をく

アスンシオン市の太鼓練習風景

り抜いて作るため、日本ではもう和太鼓を作れるような木がなかなか手に入らないのだそうだが、パラグアイには立派な木があったので和太鼓製作にはうってつけだったのだ。

その和太鼓を用いて、２０００年に太鼓グループが結成された。日本のプロの太鼓奏者が指導してきたので演奏は本格的だ。太鼓グループには、青年だけではなく女性たちも参加するようになった。祭りなどでのステージ演奏には、パラグアイ人が大勢見学にやって来る。子どもがリズムに合わせて体を揺らせている様子は微笑ましい。和太鼓グループの若者たちに活動の動機などを聞くと、

「自分は日系なので日本の文化を知りたい」

「日本にいてもすべての芸能を見られるわけじゃないですね。ここには日本人が知らない芸能があって、それを生で見られるのはイグアスならではだと思います」

と、積極的に答える人が多かった。和太鼓グループは日々研鑽を重ね、地域の祭りはもちろん、パラグアイの各地、ときには国外でも演奏している。レベルが高い迫力のある演奏をする和太鼓集団である。

イグアス移住地の祭りでは、日本の盆踊りも町を練り歩いていた。遠く離れたパラグアイで、日系人だけでなくパラグアイ人の大人たちも子どもたちも一緒に、踊り、歩いている。文化の相互理解とは、ともに何かをすることなのだということの実践であっ

た。

この祭りでは見事な鬼剣舞《おにけんばい》が披露された。東北出身の人に習ったという。中学生から高校生ぐらいの子どもたちが、学校が終わると日本人会に集まり、稽古をしている。獅子舞は、パラグアイ人が興味を持ってみるとのことである。

日本の伝統芸能が、日系人を通じてパラグアイの人々にも認められている。将来、パラグアイ人が獅子舞や鬼剣舞を舞う姿が見られるかもしれない。

イグアス移住地は日本の伝統を大事にする一方で、日本の最近の考え方が流入し、農業や日本人会の組織、町づくりなど、生活全般を改善していこうという気概がある。パラグアイで日本の政府が最後に取り組んだ移住地なので、日本からの直接移民のほかパラグアイの他の移住地の二世たちがここに土地を求めて移住してきており、新しいことへの挑戦が受け入れられる地でもある。

農業での先進的な取り組みでは、「不耕起栽培」を行っている。入植地は、いずれも赤土だが養分が豊富で、しかも鉄分も含んでいる。その豊かな土が、耕すことによって流失しいずれ痩せた土になってしまうことを懸念した地域の人々は、耕さない農法を日本の文献に見つけた。収穫したあと作物の根を残すことにより、有機物が土中のミミズなど生き物の餌となり、土が豊かになる。植物は固い土だと根を伸ばしにくいが、かえってしっかりと根を張り丈夫になる。また、刈り取った根を残すことによって土の保水力も高まる。病害が発生するデメリットもあるようだが、これまでのところ成功している。

「ここを見ると、ほら、大豆とトウモロコシの根が層になっているでしょう?」

と指し示す畑の端の高さ2mほどの崖のような斜面に、何層にも積み重なっている作物の根が見えた。大豆の裏作として、トウモロコシを植えている。非遺伝子組み換えの大豆栽培にいち早く取り組んでおり、品質が向上してから、日本へも輸出している。

イグアス移住地のリーダーの1人は、アメリカの大規模農場経営はいずれ破綻するのではないか、だから今後の農業を考えなければと言う。地域農業の未来像を描いているように見えた。

二つの祖国を融合、国を超えていく日系人

「私は日本人でもパラグアイ人でもありません。日系人。日系人であることに、誇りを持っています」

アスンシオンで青年たちにインタビューしたとき、三世の若い女性がときどき眉間にしわを寄せ言葉を探しながら、こうはっきり答えた。この大きな視点に到達するまでに、おそらく彼女は自分自身についてかなり考え、悩み、自分の歴史をコツコツと積み重ねてきたことだろう。彼女のような考えを持つ三世は数少ないかもしれない。三世、四世の中には、日本国籍を持っていても日本へ行ったことがない人たちもいる。

日系人たちは、その国の法律に従いその国の言語を第一言語としながらも、日本語の保持と格闘し日本の伝統を日本の日本人以上に意識しながら暮らしている。生まれ育った国とルーツの国との文化を吸収しながらその狭間でアイデンティティを確立することは、どちらかが強い場合と、中間を目指す場合とがある。どちらにしろ、新たな意識を持つ人々や地域が生まれることでもあ

る。

日本人、パラグアイ人、という国籍も国も超え、人種も超え、日系人という「存在」、立ち位置で考える。三世の彼女の言葉に、「日系人は日本との架け橋」という捉え方は、日本から見た日本との間だけの、小さなことでしかないのだと教えられた。この先、世界の中の「日系人」として考え行動することは、これまでより大きな働きと結果をもたらすことだろう。国と国の狭間にいるのではなく、一つの国や国境を超えた新たなカテゴリーの人々が生まれていた。

国籍が欲しい

「日本の国籍が欲しいんですよ」

こう切り出した男性がいた。その一世の男性は身を乗り出し、ひたと私を見据えている。移住地で一世、二世の人たちにこの10年間の移住地の歴史や現在の移住地の様子、今後の移住地や日系社会についての思いなどを取材しているときのことだった。

「息子が日本で働いてるんですが、結婚したんでそのうち子どもができるでしょ。するとその孫が無国籍になるかもしれないんですよ。わたしゃ心配で心配で」

二世の息子さんは日本で働き、定住を目指しているようだが、日本国籍がない。生まれたとき領事館に国籍留保の届け出を出したのだが、届け出はパラグアイの首都アスンシオンにある在パラグアイ日本国大使館に送る間のどこかで紛失しまったためだと、あとで聞いた。

その息子さんの配偶者が日本国籍のない人なので2人の間に子どもが生まれた場合、その子どもは日本国籍が取れず両親の国の国籍の申請をすることになる。配偶者が日本国籍の女性と結婚した場合は、母親が日本国籍だから子どもは日本の国籍が取れる。

一方、パラグアイの国籍取得は在日パラグアイ大使館ではできず、法律上帰国して出生届けを出さなければならない。ただし、国籍取得の手続きのためパラグアイへの渡航希望の場合は、大使館で臨時旅券を発券してもらえる。パラグアイ国籍法では、国籍、市民権取得について、「1．本共和国の領土において生まれた者　2．父母の両方又はいずれかがパラグアイ人で本共和国の公務員の子で、海外で生まれた者　3．海外で生まれたパラグアイ人の母又は父の子で、本共和国に永住する者　4．父母が知れない本共和国の領土において保護された児童」（在日パラグアイ共和国大使館HP）とある。

したがって、日本とパラグアイの国籍法上、日本で生まれたパラグアイ国籍を持つ両親の子どもは、無国籍となる。子どもの国籍を優先してパラグアイに帰国すれば、パラグアイ国籍を取得できる。ただし、国籍取得にはパラグアイに永住するという条件がある。

国籍問題に詳しいTOKYO大樹法律事務所の近藤博徳弁護士は、「父母がともに知れないとき」、あるいは両親が無国籍の場合、子どもは日本国籍を取得できるが、両親が外国籍を持っており親の国の国籍を子が取得せず無国籍になる場合、日本の国籍法では、ただちに子どもに日本国籍を与えるという仕組みにはなっていない、と言う。

子どもを無国籍にしないことを優先させるためにはパラグアイに帰国する選択肢があるが、パラグアイの法律（上記の4点）に準じての国籍申請となる。では、二世の日本国籍取得への思いを実現させ、子どもの国籍を取るためにどうしたらいいかを近藤弁護士に尋ねた。近藤弁護士は、両親が日本に帰化申請するときに子どもの帰化申請も一緒に行うのが現実的な方法ではないかと、アドバイスする。子どもの国籍取得には、3年以上日本に居住することという条件がある。ただし、子どものパラグアイ国籍取得のためにパラグアイに帰国、長期に滞在すると、日本への帰化の条件を満たすことが難しくなるという。

日本国籍取得のために日本に滞在したとき、子どもが無国籍であっても日本の在留資格は与えられるので、乳児検診などは受けられるし保育園・幼稚園への入園もできるから、子どもに不利益はないだろうとのことである。

パラグアイへの帰国を日系人たちが逡巡する理由の一つが、帰国した時点で日本国籍取得のために日本で頑張っていた努力が水の泡となり、また日本に居住し再度挑戦しなければならないことである。もう一つは、パラグアイと日本との往復旅費が家族にとって相当な額となり、日本で働いて貯めたお金を使い果たすことになりかねない。なかには、渡航費用を十分貯めていない人もいる。

日系二世たちがパラグアイで日本国籍が取れなかったのは、さまざまな理由があった。移住当時、領事館が遠くて何日もかかるような奥地に入植し、しかも交通の便がひどく悪く、期限内に届けを出せなかった、届けを領事館に出したが大使館まで輸送する間に紛失したと言われた、などである。ほかに、移住するときに「日本に来れば国籍は簡単に取れる」という言葉を信じていたという一世たちや、親や他の一世たちから聞いて信じて日本で働いたが日本国籍は取れなかったと訴える二世たちがいた。真剣に訴える人、困惑している人、ため息交じりの人、あきらめ顔の人とさまざまな表情を見せ、日本人なのに日本国籍が取れなかったと、日本への不信感も垣間見えた。

日本国籍取得のためには、ほかに生計条件、重国籍防止条件、憲法遵守条件を満たしていることなどの条件が定められている。日本国籍がない日系人の場合も改めて申請することになるが、日本で生まれた者、日本人の配偶者、日本人の子、かつて日本人であった者などで、一定の者については帰化条件を一部緩和している、と国籍法にはある。

２０２２年10月22、23日、第62回海外日系人大会が開かれた。参加した日系三世や四世がそれぞれの国や地域で、日系人として、日系社会として、何ができるかについて考えていること、行っている活動などが紹介された。そこには、まぎれもなく、世界の中の日系人という存在としての姿があり、頼もしかった。

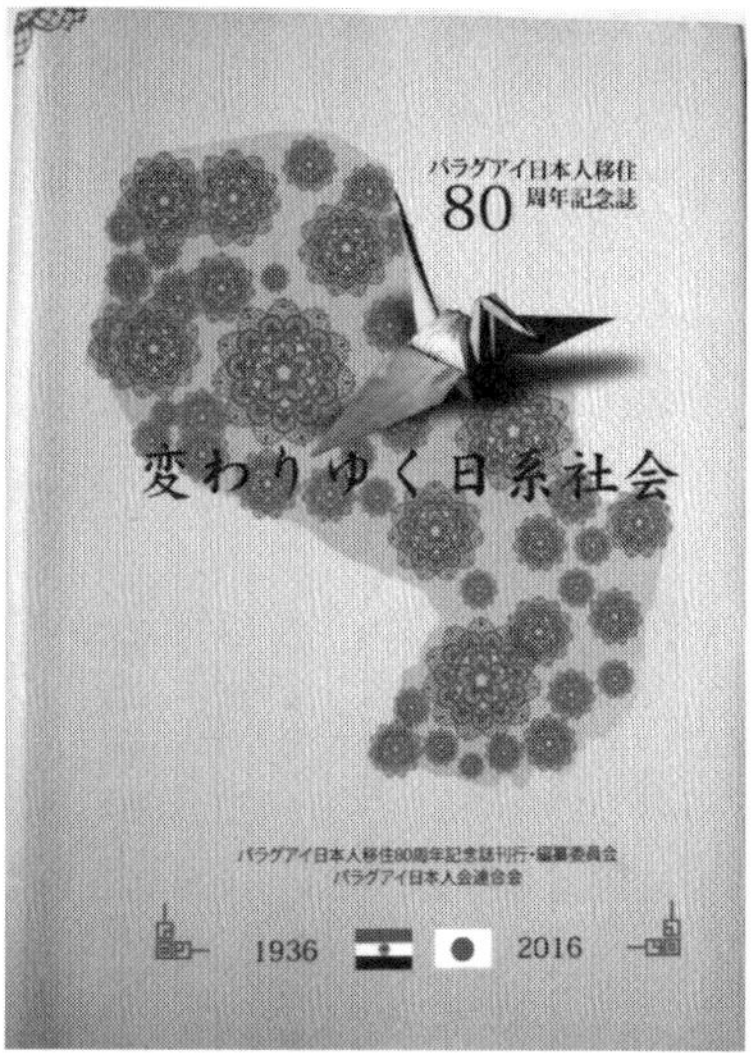

パラグアイ日本人移住 80 周年記念誌

大会の中で、２０１５年にフィリピン残留日系人訪日団による表敬を受けた当時の安倍晋三首相が行ったスピーチが流された。「戦後70年を迎えて、政府として本件を前進させるべく、協力していきたい」というのは、日系二世の国籍取得問題だった。訪問団のフィリピン日系人連合会前会長が、フィリピン残留日系人に関する問題などを説明し、高齢となっている日系二世の国籍回復への日本政府の支援を求めたものである。

太平洋戦争前の１９００年代、アメリカ領のフィリピン、ルソン島北部に建設した山岳道路やマニラ麻栽培が盛んなミンダナオ島に、多くの日本人が仕事を求めて移住した。1930年代後半に、フィリピン在住日本人は約2万4、000人にのぼった。太平洋戦争後に移住した日本人はアメリカ軍により日本に強制送還されたが、フィリピン人の妻とその子どもたちは取り残され、さらに激しい反日感情が起こり、残留日本人の多くは山中などに身を隠し、十分な教育と就業の機会を得られず貧困生活を送った。現在も、身元確認や国籍回復を求める日系人がいるという。日本政府は残留日系人の実態調査などを通じて身元確認や国籍回復を支援しているというが、訪問団は改めて支援を求めたのだ。

元首相がスピーチで焦点を当てたのは、このフィリピンの残留日本人・日系人の問題だった。スピーチの日系二世の国籍問題に南米の人たちも含まれているのかどうか、公益財団法人海外日系人協会に確認したところ、これはフィリピンの訪問団に対するスピーチであり、南米の日系人の問題としても今後も政府の動きを注視していきたいという。

南米への移民は、日本の労働問題解決のための1つの策だった時期がある。人々は仕事を、より良い生活を、夢を求め、見知らぬ南米へと渡った。今度はその二世たちが、日本に戻り、日本で働き、日本に住み、ルーツである日本の国籍を持ちたいと願っている。

2024年10月15~17日の海外日系人大会の大会宣言では、国籍法11条と14条、16条を廃止し、在住国と日本の両方の国籍を維持することを求めた。海外日系人にとって2つの国は祖国であり、自己のアイデンティティでもあるからだ。

参考： 国籍法

第11条　日本国民は、自己の志望によって外国の国籍を取得したときは、日本の国籍を失う。
2　外国の国籍を有する日本国民は、その外国の法令によりその国の国籍を選択したときは、日本の国籍を失う。
第14条　外国の国籍を有する日本国民は、外国及び日本の国籍を有することとなった時が20歳に達する以前であるときは22歳に達するまでに、その時が20歳に達した後であるときはその時から2年以内に、いずれかの国籍を選択しなければならない。
2　日本の国籍の選択は、外国の国籍を離脱することによるほかは、戸籍法の定めるところにより、日本の国籍を選択し、かつ、外国の国籍を放棄する旨の宣言（以下「選択の宣言」という。）をすることによってする。
第16条　選択の宣言をした日本国民は、外国の国籍の離脱に努めなければならない。

参考：国籍の留保をしなかった者の国籍の再取得（国籍法第17条第1項）（法務省HPより）
外国で生まれた子で、出生によって日本国籍と同時に外国国籍も取得した子は、出生届とともに日本国籍を留保する旨を届け出なければ、その出生の時にさかのぼって日本国籍を失います。
しかし、日本国籍を留保しなかったことによって日本国籍を喪失した子は、次の要件を満たしている場合には、法務大臣に届け出ることによって、日本国籍を再取得することができます。
（1）届出の時に18歳未満であること。

（2）日本に住所を有すること。

「日本に住所を有すること」とは、届出の時に、生活の本拠が日本にあることをいいます（観光、親族訪問等で一時的に日本に滞在している場合等には、日本に住所があるとは認められません。）

◉ パラグアイ共和国

紀元前1000 ～紀元前500年　アマゾン地方からグアラニー族が移り住み、焼畑農業、狩猟、採集生活をする

1537年　スペインの植民地となる。スペインとイエズス会はグアラニー族にキリスト教を布教。イエズス会の布教村落とスペイン植民地集落との二重社会成立。高度な文化を形成

1620年代以降　ポルトガル人がグアラニー族の奴隷狩り（バンデイランテ）を行う。北部の農園に送られ死んだ者もいた

1631年　イエズス会、一部のグアラニー族を移住させる

1641年　グアラニー族、ヨーロッパ式軍事訓練を受け、バンデイランテに勝利

1720年代　イエズス会の布教区（ミッション）が30に達し、布教区の人口は12万人余りとなる。17世紀後半の布教区１つの人口、平均3,000人から4,000人

1750年　スペイン、ポルトガルとマドリード条約締結。両国の植民地境界線を変更。7つの布教区の住民は植民地の変更によって生じる移住を拒む

1754年・1756年　スペイン＝ポルトガル連合軍の征討（グアラニー戦争）で7つの布教区を強制移住。イエズス会の権威は低落

1767年　スペインからのイエズス会追放により、パラグアイのイエズス会も衰退。代わって統治したフランシスコ会、ドミニコ会などはグアラニー族から収奪し、綿織物、木工など技術や文化を育んだ布教区そのものの形も衰退

1776年　リオ・デ・ラ・プラタ副王領（植民地支配をスペイン人副王が行い、スペイン王国の州や県に準じる権利を持つ）創設。現在のアルゼンチン、ウルグアイ、パラグアイ、ボリビア地域を支配した。首都はブエノスアイレス。パラグアイはペルー副王領からラ・プラタ副王領へ移る

1810年　ラ・プラタ副王領から独立。ラ・プラタ副王領はパラグアイの領有主張

1811年　スペインから独立

1844年　行政基本法が議会で可決され、３権分立を謳う（初の憲法に相当する）

1864 ～ 1870年　パラグアイ戦争。（３国同盟のアルゼンチン、ブラジル、ウルグアイとの戦争）。パラグアイの人口は戦前52万5,000人から戦後の1871年には21万1,079人に減少、男女比は1:4となった。領土の1/4をアルゼンチンとブラジルに割譲。300万ポンドのイギリス借款で産業基盤、工業基盤が壊滅状態に。国力復興に多くの年数がかかった

1928年　初の複数候補による大統領選挙

1932年　チャコ戦争。ボリビア軍、パラグアイのグランチャコ地方にある要塞を攻撃、戦争状態に。1935年、アルゼンチンの仲介で休戦協定。パラグアイの死者3万6,000人

1938年　パラグアイ・ボリビア間に和平条約締結。チャコ地方全体の領有権を獲得

1942年　第2次世界大戦で枢軸国と断交、宣戦布告

1947年　内戦。 第２次世界大戦後、軍政。民主化要求に対し1946年政党活動を全面的に自由化。2党の連立内閣内で対立が激化したため1947年一方の党の指導者を国外追放すると反乱、内戦状態。1カ月後鎮圧。諸政党に対する大弾圧で20万～ 40万人（推計）の反政府派が亡命。その後もクーデターが起こる

1954 ～ 1989年　ストロエスネル軍事独裁政権。戒厳令を発布して反体制派を弾圧。大統領選挙は４年に１度だが１党制に近い体制にした。経済政策が周辺諸国に比べてうまくいったこと、1954 ～ 1969年の間に外国人農業移住地188を開設することなどで農業成長を達成したこと、1970年代に工業成長を達成したこと、加えて反共主義と親米政策などが長期政権を支えた。ブラジルの軍事政権（親米反共）とも友好関係にあった。一方では密貿易が横行、全耕地の90%を大土地所有者（人口の上位1.5%）が所有する土地の寡占化が進行した

1989年　ロドリゲス将軍のクーデターで軍事独裁政権崩壊。1980年代に周辺諸国が次々と民政移管されていくと、政権への不満が高まった

1992年　新憲法公布。政治活動・言論の自由、労働者の団結権などを保障

1993年　初めて民主的選挙実施

2008年　中道左派のルゴ元司教（野党連合「変革のための愛国同盟」）が大統領に就任。61年ぶりの政権交代。国会内少数与党で政治的基盤が脆弱で、農地改革や治安問題解決取り組みの遅れへの不満が噴出

2012年　6月　上院でルゴ大統領弾劾、辞任。フランコ副大統領が大統領に昇格

2013年　カルテス大統領。貧困の撲滅、外国企業誘致を積極的に推進

2018年　アブド・ベニテス大統領。貧困対策、治安・麻薬対策、汚職対策に積極的に取り組む。社会格差などの問題が残った

2023年　サンティアゴ・ペニャ大統領。保育園無償化、公共料金の値下げ、住宅取得支援、新規雇用の創出などを掲げる

6章
南米3カ国の日本語事情
――ボリビア、パラグアイ、アルゼンチン

ボリビアで日本語教室を立ち上げる

アンデスの中腹、標高約2、600mにある人口約51万人(2001年)のボリビア第3の都市、コチャバンバの、居候した家の窓から見える山はところどころ木が生え、ほとんど草原に見える。穏やかな日差しの中、牛が草を食んでいる。地図を引っ張り出し、南極からのボリビアの緯度(南緯)と北極からの同じと思える緯度(北緯)とを比べ、同緯度の国を見るとフィリピンが相当するが、コチャバンバの年間降水量は約500㎜ととても乾燥していて夏もあまり暑くなく過ごしやすい。高度のためだろう。冬はさすがに暖房がないと少々辛い。足元が冷えるし、寒い朝は鼻の頭が赤くなる。しかし、雪は降らない。

2013年、日本語教室を作りたいという日系人たちを手伝うために、ここに赴任した。学生募集には100人余りが応募した。せっかく来てくれたのだからと応募者全員を受け入れたので、先生は私1人にもかかわらず週5日、午後3時から8時間まで受け持つことになってしまった。しかし、コチャバンバで初めての日本語教室である。多少の困難は乗り越えようと張り切った。

学生たち(日本語学習では正式には「学習者」と呼ぶ)は日本語を習ったことがない人々である。「あいうえお」から始め、次第に語彙を増やし、簡単な動詞が使えるようになると、学生たちは楽しそうに「今日、○○へ行きます」「家へ帰ります」などと、私に話しかけるようになった。

募集時の面接で動機を聞いたところ、ほとんどが「日本のアニメやポップカルチャーが好きだから」「日本のポップスが好きでファンだから」「空手を習っているから」「日本に行ってみたいから」などの答えだった。授業で少し会話ができるようになると、日本で行ってみたいところに「渋谷のハチ公」を挙げた。遠く離れた地でもハチ公が有名なのは嬉しいが、「渋谷の交差点」だと聞いたときは理解できなかった。「日本で1番人が多い交差点だから、そのたくさんの人を見たい」「整然と渡るところを見たい」という。「日本に留学したい」学生は3、4人、「外国語を習ってみたい」「日本で働きたい」という学生もいる。

コチャバンバ市役所。コチャバンバはボリビア第３の市で標高 2,574m
（フレディ・オレリャナ・アレグレさん提供）

ある留学希望の大学生は、ぜひ秋葉原に行きたいと言う。

「メイドカフェ、いいです。先生、ご主人、どういう意味ですか？」

「『主人』は、自分の夫を呼ぶ言い方です。『ご』をつけると、相手の夫を言います」

「『ご主人さまー』、言いますか？」

「ムムム……日本の女の人は言いません。メイドカフェだけです。日本で『ご主人さま～』と言うと、こうなります」

と、私は蹴とばす真似をした。学生たちは思わず笑った。

歴史から言えば「主人」は武士や奉公人がその家の主を呼ぶ言葉であり、明治時代には家制度を庶民にも広げ、昭和時代には妻が夫を指すことが一般化した。しかし昭和の後半からは、女性たちは結婚が両性の合意に基づくのだから家庭での隷属はないと避けてきた。現在ではテレビドラマやインタビューでも「夫」が一般的になり、「連れ合い」「ツレ」も広まっている。日本語レベルが十分ではない学生たちに、「主人」は日本の女性たちにとって問題視される言葉のひとつであることを説明しても理解できないだろう。

「でも、メイドカフェ、いいですー」と、この学生はうっとりした顔をした。

日系人ではあるが日本語がまったく話せない学生が何人かいた。ほかに、「日系人と結婚した」80歳の女性は授業についていけないしテストの時間は苦痛のようだったが、教室に来ようとするだけでも励ましたく、学生たちも温かく迎えた。

ボリビアの日本人移住地は、サンタクルス市郊外に沖縄からのオキナワ移住地と日本全国からの人たちで構成されたサンフアン移住地の2カ所だけである。町の日系人たちは移住地から出てきた人たちで、スペイン語で生活している。コチャバンバにはこれまで日系人のコミュニティはなかったので、家庭でもあまり日本語を使う機会がないようだ。だから、日本語を習う動機は「自分のルーツだから」ということだろう。日系人の多くはゆっくり進み、教室内でも和気あいあいと、それだけに雑談も多く、授業はよく脱線した。

「先生、見て！　ほら！」

と、1人の学生が自慢そうに目の前に差し出したのはスマホだった。2013年のボリビアではスマホはまだ珍しかった。学生たちがその周囲にワッと集まってきた。「見せて」「へ〜」「いくら？」など、口々に言う。働いて金をためて400ドル（日本円で4万円強）で買ったのだそうだ。みな、羨ましそうにスマホを見る。しかし、やっかみのようなものは感じない。高嶺の花、単純にいいな〜という反応である。

ボリビア、日本語学級「ひのき」の修了式。修了書を1人1人に手渡した（フレディ・オレリャナ・アレグレさん提供）

400ドルと言えば、この日本語教室での私の1カ月分の手当ては月300ドルである。日本でいえば週3日働くパートタイムの手当てぐらいではないだろうか。ボランティア精神があっても、この金額での生活はさすがに厳しかった。慣れない土地で帰宅は夜だから、気のいいボリビア人のタクシーに送迎を頼んだ。そのタクシー代を差し引くと生活費は200ドルだ。いくら日本より物価が安いとはいえ、月200ドルでは食料を買うだけで精いっぱいである。いずれ私は日本に帰国するから後任を頼まなければならないが、こんな安月給では年金生活で少し余裕がある人にしか頼めない。しかも、渡航費も現地でのビザ取得代金も保険もすべて自費である。若い教師に外国での経験をしてほしいが、往復の渡航費はもちろん、帰国してから職に就くまでの生活費も貯めなければならないからとんでもなく難しい。現地の人を育てたいが、一通り教えることができるようカリキュラムを考える余裕はまったくなく、ひたすら、日々の授業をこなすことに追われていた。教師の手配という大問題が目の前に転がっているのだが、そんな心配についてゆっくり考える暇もなかった。

授業の進度にゆとりを持たせた「ゆっくりクラス」の学生たちは楽しそうに通い、学期末に聞いた学生の感想は「今までお互いに知らなかった日系人どうしが知り合いになれたことがよかった」とあった。この町では日系人もボリビア人と同化し、日系人であることを考えたこともなかったのかもしれない。町の日系人は推定１００人と聞いたが、その中には日系人と結婚したパラグアイ人配偶者も日系人として計算しているようなので、実際の人数は多くても、その3分の2ぐらいの60〜70人だろう。

日本でボリビア人は差別される？

一方、大学生中心の「集中クラス」はどんどん進む。授業は順調に進み、期末試験の日のことだった。学生が1人、開始時間ギリギリに飛び込んできて、開口一番こう質問した。

「日本でボリビア人は差別されるって、ほんとですか？」

私は面食らった。何よりテストがまさに始まろうとしているときに、他の学生の迷惑も顧みず質問することではないだろう。他の学生たちもその学生の顔をちらちら見、中にはしかめ面をする人もいた。しかし、誰も抗議しない。学生たちは総じておとなしいし、争いごとは避けようとする。質問した学生は日本への留学希望なので、誰かから聞いて驚き、テストだというのに慌てて駆け込んできたのかもしれない。

「日本へ行った人が、差別された、って言うんです」

さて、どう答えたらいいだろう。テストはそう難しくないから、きっと15分くらい時間は余るだろう。日本では「多文化共生」が言われてずいぶん経つが、「いろいろな文化を持つ人たちとともに生きていく」と理解できるとしても、文化が違う、肌の色が違う、習慣が違う人が隣に住んでいたらどう反応したらいいか戸惑うかもしれない。

私はあたりさわりのないことから話し始めた。たとえば、日本でのごみの出し方を知っているか？　学生たちはきょとんとした。コチャバンバの道路には大きなごみ用のタンクがあり、区域の人たちはそのタンクにごみをガサッとあけていく。ごみ収集車がやってきて、そのごみをトラックに入れ、去っていく。道路には紙くずや野菜の切れ端が散乱している。トラックが去ったあとしばらくすると、掃除する人が来る。

日本では、近所の人たちが集まってごみの場所を決めること、順番で掃除すること、私も家の前を掃除することを話すと、「え～っ！」と学生たちが声を上げ、どよめいた。

「ボリビアでは、掃除する人は……」

と、学生何人かが手のひらを膝より低い位置で下に向け、こう言う。

「こういう人たちです」

ここにいる学生たちは、自分で掃除などしない。日本語を習う費用が払える家庭、余裕がある家庭に育っており、多くはお手伝いがいる。あるとき高齢の女性に「お手伝いさんは何人いるの？」と聞かれたことがある。「いいえ、いません。全部私がやります」と答えたら、「まあ……」と絶句し、「気の毒に」なのか「お金がない？」なのかわからない複雑な表情をした。だから、先生が家の前を掃除するなど学生たちには考えられない行為だろう。

「ボリビアにはボリビアの生活のルールがありますね。日本にも日本の生活のルールがあります。日本に行ったらルールを聞いて、守ってください。守らない外国人は嫌だ、と日本の人は思います。そして外国人のそばに来なくなりますから」

ボリビア人の肌の色は、濃い褐色である。日本では肌の色のことで偏見を持たれることがあるだろうが、目の前の学生たちにはこれだけしか説明しなかった。学生たちが理解できる日本語がまだこのレベルだからだし、日本へ行くことがない人たちにまで日本人に反感を持ってほしくなかった。留学生や就業希望の学生たちを送り出す国の日本語教育では、希望国の生活やルール、日本人の価値観など、生活に直結することを折に触れて話す必要があることを、何度も考えさせられる。

「集中クラス」の、フレディさんは、「ボリビアでは野菜を育てるために使用する水が汚染されているから絶対に生野菜を食べてはいけない、もし食べるなら薬局でクロロ（塩素）を買って消毒すること」と、何度も念を押した。下水処理場が不足して川の水質汚染が進んでいるうえ、十分に処理されていない排水（下水）を灌漑用水に使うなど、安全な水が供給できないことが深刻になっているそうだ。他の学生も、市場の中にある簡単な食堂で食べたら、あとでお腹が痛くなったという。その食堂はいつも混んでいて興味があったが、使う水に不安を感じ、素通りしていた。しっかりしたレストランでも、客たちはまず皿やナイフ、フォークを丁寧に拭き始め、私は内心慌てた。私は、テーブルに置かれていた食器やナイフ、フォークを疑いもせず使っていたからだ。

ボリビアの上水道は川や地下水から取水しているが、もともと年間降雨量４００㎜と大変少なく、さらには近年地下水位が低下ししかも水質も低下しているため、いっそう飲料水や灌漑用水の水不足が起こっている。どの家も庭先に貯水槽があり、区域ごとに配水時間が決められている。日本語教室でうっかり貯水槽の水道の栓を開けるのを忘れたりすると、「先生！　トイレの水が出ません！」ということになる。水がない日は、トイレは使用禁止である。

さらに、かつてボリビア経済の立て直しのため、かなりの企業が民営化された。水道事業もその一つで、水道料金が上がったため２０００年に大規模な暴動が起き、死者も出た。

政府への抗議デモやストライキは多い。サンタクルスでは空港からの道路が大型トラックによって封鎖され、トラックの下をくぐって迎えの人の車にたどり着いたことがある。コチャバンバでも、幹線道路に大型トラックを縦列駐車して交通をマヒさせるストライキをよく見る。幹線道路の交差点の真ん中で大きな焚火をし、煙をあたりに充満させて視界を悪くする道路封鎖にも出くわした。ストライキの日は、もめごとに巻き込まれないよう日本語教室は休校である。この年は大統領選挙があり、ストライキはさらに多かった。

日本語教室の休み時間に10代の生徒たち２人が大統領について、１人は現職を、もう１人は対立候補を推して、盛んに議論をしていた。

「今の大統領になってから治安が良くなったんだよ。だから僕は現大統領を支持する」

「いえ、仕事に就けない人が多くなった。確かに今の大統領は先住民に仕事を与えてる。でも、先住民じゃない人たちは仕事を探すのがたいへん」

先住民の多くは仕事をなかなか得られないため、収入が低いと

ボリビア、日本語学級「ヒノキ」主催の日本文化紹介講座。浴衣を着てみた（フレディ・オレリャナ・アレグレさん提供）

聞いた。状況を改善しようと政府は政策を打っているようだが決定打はなく、一般のボリビア人も仕事が手に入らないのだという学生もいる。ボリビアの現状については、日本では報道がほとんどない。スペイン語がほとんどできない私は、南米に関係するＮＧＯ団体の日本語による発信しか情報がつかめない。

政治的な問題はさておいて、この若い2人の論戦は、ほほえましい光景だった。日本で、これほど熱心に議論する人たちがいただろうか。若い人たちが政治に関心を持つのは、頼もしい。もう一つ、英語で議論をしたことに感心した。スペイン語がわからない私への配慮だろうが、若い人々が政治問題を議論できるほど英語を勉強している。ボリビアの目覚ましい変化である。

「集中クラス」の中に、日本語を習う理由が中国語を習っていたが先生が帰国したので、という大学生がいた。中国の経済力は世界第2位だから、中国語のほうが役に立つと考えるのは当然だろう。また、世界では英語が通じる国が多く、英語を習えば役に立つのに日本語を選んでくれている。このような人たちを、つなぎとめておきたい。

日本の外務省はアニメなどポップカルチャーを日本の新しい世代の文化として位置づけ、２００３年に世界コスプレサミットを開き、２００７年に国際漫画大賞を設けた。そしてこれらのサブカルチャーを、「日本と日本の文化・言語に対する関心につながる入口」「ポップカルチャーが、日本人の創造性の豊かさや、自由な発想を許す日本社会を体現している」ことから、日本の多彩な魅力を外国に発信する重要なツールとして位置付け、日本への理解や親近感を深めてもらうことは、「日本人が国境を越えた活動や世界の人々との交流を円滑に進めていく上で不可欠」であるとしている。

これ

コチャバンバにも、小規模ながらコスプレやアニメフェアがあり、コスプレした人などでごった返していた。この会場でも、ポップカルチャーを通じて日本や日本語に興味を持った人たちが日本語教室の開設を望んでいた。

２０１４年に私は帰国し、大学生３人にオンライン授業を始めた。せっかく初級終了が目前だったのだが、日本人会の日本語教室はまだ始まったばかりで対応できなかったからである。読書好きの大学生が言った。

「先生、百人一首を知っていますか？　〇〇……の歌、いいです」

それは恋の歌ですね？　と私が言うと、彼女はうっとりとした顔で「はい」と言う。

ポップカルチャーだけでなく、日本の古い文化にも興味を持ってくれる人がいる。日本文学に興味を持ち、日本の良き理解者になってくれるだろう。そしてひょっとしたら、南米で、日本文学の研究者になってくれるかもしれない。

先の大学生、フレディさんは、コチャバンバの下水道状況を改善するために日本で上下水道のシステムを学びたいという。専攻は浄水、とくに下水処理である。しかし、留学の道は厳しい。渡航費用、学費、生活費を工面しなければならず、金銭面の話をするとき、その学生、フレディさんは少し暗い顔をした。結局留学はできなかったが、ボリビアで念願の浄水システムづくりの仕事に就いた。浄化槽の設計を任されたのでこのようなシステムを考えた、と知らせるメールには設計図が添付されていた。私にはさっぱりわからないが、張り切って仕事に取り組んでいるようである。

パラグアイの学校で日本語を教える

パラグアイの首都アスンシオンに、午前中はスペイン語で教科の勉強をし、午後日本語の授業を行う私立の学校がある。日系団体や日系人の有志たちが2001年に作った幼稚園から高校までの一貫校で、生徒約300人のうち大半がパラグアイ人である。日本語は毎日、週16時間勉強するので、小学校からこの学校で学ぶと高校生ではかなりのレベルに達する。

パラグアイ、日本パラグアイ学院で中学１年生の日本語の授業

　2011年、この学校で3カ月間、通常の日本語クラスと日本語能力試験を受験する中学生、それに日本の作文コンクールに応募する中学生の作文指導を受け持った。日本語能力試験は日本語を外国語として学ぶ人たちの日本語力を測定するもので、N1、N2……とレベルを表す。日本の大学を受験したい場合は、N1かN2レベルに認定されていないと難しいから、中学生でN2を受験するというので少々驚いた。受験まで3カ月しかなく、この時は不合格だったがその後再チャレンジしてN2に合格した。

　作文を書くのはそのパラグアイ人の生徒で、受け持った当初、文としてはできているのだが全体にまとまりがなく、しかも与えられたテーマが難しい。「絆」だ。外国にいる学生たち、と

パラグアイ、日本パラグアイ学院で小学1年生の合気道教室。まずは礼法から

りわけ外国人にこの難しい言葉がどこまで理解できるのか。

この生徒は、伯父が政治的対立のために亡くなったことを書いた。大統領派と対立政党の反目は激しかったらしい。対立が起こることもよくあり、ときどき死者も出た。作文は、平和と友好、そして人との絆へと向かった。当初に比べると格段に内容が深まり、作文に感動した先生方はさっそく日本に郵送した。郵便事情があまり良くない国なので、アスンシオンとわざわざブラジル側からも送った。難しいテーマを、パラグアイ人の中学生が書いたのだから期待は高かった。しかし残念ながら賞に入らなかった。入賞者の名前には日本語がある程度以上の日系人や高校生以上が多かった。折しも東日本大震災の直後だったので、「絆」というテーマの意図や背景が日本人の私にはわかる。パラグアイで生まれ育ち日本へ1度も行ったことがない中学生が書いた作文としては、とても良くできたと思っている。

パラグアイ日本人移住地の日本語の現状

戦前に移民した人々の移住地ラ・コルメナでは、移住からしばらくの間、家庭では日本語を話し、一世は日本文化や日本の習慣を自然と行っていた。日本と同じ「国語」による教育は何の違和感もなく受け入れられてきた。しかし二世が育ち、地元やパラグアイ社会との関わりが増えるとスペイン語が生活の基礎となっていき、現地との関わりが深くなるほどパラグアイの文化が浸透してくる。また、日本語学校の児童も日系人が少なくなり、パラグアイ人とのダブル（2つの国・人種を持つ）の子どもが多数になると、従来の国語教育はできなくなってくる。そこで、2011年には日本語の教育のやり方そのものを見直し、国語教育ではなく日本語教育を行うことにした。大きな転換である。

国語教育とは、家庭で日常的に日本語を使い基本言語（母語）が日本語である子どもたち対象の、漢字やより複雑な文章の理解、内容理解などを行う教育である。日本で育てば日本語を吸収して育つ日本語話者（ネイティブスピーカー）となっているので、小学校入学時には多くの日本語会話を理解できるようになっている。しかし、たとえば日本で育った日本人が中学で英語を学び始めたとき、突然英語で文章が出てきてもまったく理解できない。言語の習得のため、単語から文法へ、文章へと積み上げる。日本語教育は、日本語を知らない外国人（日本語が母語話者でない人たち）がゼロから学べるように、基本の語彙や文型にはじまり、より複雑な文型へと進む。

2016年時点、ラ・コルメナ移住地の一世の多くは他界し、二世も高齢となり、三世の時代になった。日本語教育への転換から5年、子どもたちに日本語教育の成果が見られ始めている。教育転換をした三世の青年たちの、日本語への危機意識と日本語を残す努力が実を結んだと言える。彼らはスペイン語を流暢に操り、パラグアイ国民としての教育を受け、何の不都合もなく生活してきた。しかし自分たちのルーツを考え、高齢になった親の世代との意思疎通を考えたとき、日本語を保持しようと話し合った。そのとき念頭に置いたのが、日本人移民として大先輩になるブラジル日系社会だった。ブラジルへの移民は古く、四世、五世の時代になっている。ブラジル日系社会は戦争中、日本語が途絶えかけたが、もう1度自分たちのルーツとして日本語を復興させているという。ラ・コルメナの日本人会青年部の人たちは、自分の考えを伝えようと言葉を探し、うまく言葉が見つからずにもどかしく思いながらも日本語に向き合い、取材に真摯にこたえようとしていた。

この地域も、中心となる日本語学校の教師は日系人である。日本からJICA青年ボランティアの先生を招いているが、ボランティアは日系人の先生たちとともに教えながら、日本語の教え方を日系人の先生方に伝えている。また、日本語教育の一環として、子どもたちが一世に日本語で移住当時の話を聞いたり当時のお菓子を一緒に食べることなど、交流を通じて移住や日本文化を知る機会を作る。と聞くと、日本語も日本文化も伝承されていくように聞こえるが、決して安泰ではなく、三世の多くが無関心になったとき、あっけなく消えてしまうだろうと言う。日本人会で日本語保持に努力する三世たちの危機意識には、外国で自分たちのルーツを守り抜くことの厳しさが表れている。どれほどの努力と熱意と緊張を保ち続けてきたか、そして今後も続けようとする意識に、日本で生まれ育った日本人にとって日本語と日本文化は空気のようなものであり、その上に漂っている自分に気づかされる。

戦後移住地の一つで、パラグアイ政府が開設した、世界のいくつかの国からの移民が移住地を構成するチャベス移住地は日本人移住者が少なく、子どもも極端に減って日本語学校が一時閉鎖に追い込まれた。地域の多様な文化の中でどのように日本の文化や言語を伝えるか、格闘していた。

日本では「地域に溶け込む」ことはよいことと考えられるが、外国での日本人コミュニティの場合、安易に地域に溶け込めば日本語も日本の文化も消滅する。日本語を保持する理由は何なのか。本当に必要なのか。「ルーツだから」「両親や祖父母と話すため」などがすぐに浮かぶ答えだが、祖父母が亡くなり両親もスペイン語になり、スペイン語の学校に通い、スペイン語で考える。日本を知らなくても何ら困らない生活をしている子どもたちに、日本語を学ばせる意味は何なのか、どのようにモチベーションを持たせたらいいのか。チャベス日本人会は、今後どのように日本語教育を進めていくかを真剣に悩んできた。

日本語教室は週1回の授業なので、中学生にも日本の小学校の国語の教科書を使って「話せること」を目的にしている。漢字も教え、ワークブックで練習しているが、将来日本に行ったり日本の企業で日本語を使うなら必要だろうが、子どもたち自身が将来のことを思い描くのは難しく、漢字を練習してもすぐに忘れる。

子どもたちの理解を見ながらとてもゆっくり進むし、日本のように教科書どおりに、教科書に書いてあることをそのまま進めることはできないから、日本に専任の教師の派遣を頼めない。子どもたちも日本語を勉強するように言われて学校に来るだけなので、授業に取り組む姿勢が弱い。教師は淡々と話すが、授業の進め方や子どもたちの理解の前に、勉強のモチベーションを持たせるための内容や働きかけ方など、教える現場の戸惑いと模索、厳しさが、ひしひしと伝わってきた。

もっとも新しいイグアス移住地には、新たに移住した一世が多く、日本語教育にも熱心である。しかし、日本の太鼓や踊りを大切にし伝えているこの移住地でも、日本語教育には戸惑いがあった。よく勉強している中で日本語への興味を失いかけている生徒も見られるので、モチベーションの持たせ方が課題であるという。家庭で日本語をおもに使っていても日本語に興味を持たない生徒がいるし、反対に親は二世になりスペイン語が主でも日本語に興味を持つ生徒がいる。取材に応じてくれた5人の高校生たちは、こう答えた。

「日本語を勉強するのは面白いし、もっと知りたいです。将来役に立つと思います」

しっかりと日本語で答えてくれた生徒がいた。その隣にいる生徒は自信なさそうに、「日本語にはあまり興味がない」と言う。日本語学校の先生は、こう言う。

「結局はモチベーションが大事で、どのように持たせるかが我々の課題なんです」

日本語の勉強に対するモチベーションは、自分の人生設計にもつながると言う。かつてパラグアイがハイパーインフレに襲われたとき、目的がないまま、「みんなが行くから」「試しに行ってみよう」と日本へ出稼ぎに行った卒業生たちがいた。何も将来像を描けず日本に行ったところ、日本で働いても、貯蓄することも技術を身に着けることもなく、お金を使い果たしただけだった人が少なからずいた。そして、お金がないからまた日本へ働きに行くという悪循環になった人もいた。一方、自分の将来像を描いていた人や目的を持って日本に行った人たちは、帰国してから日本での経験を活かし、生活設計をして暮らしているとのことだ。

「日本への渡航前に、生徒たちに自分の将来像を描くなどの、生涯設計を考える教育を取り入れなければならないと思っています。今は出稼ぎに行くことは少なくなりましたが、この国にいるとしても、生涯設計は大事です」

日本語という語学を教える学校ではあるが、日系社会では、2つの国にルーツを持つ生徒たちの生き方も考えさせる授業が必要になっている。教師自身が、自分のルーツや生き方を考え、同時に生徒とともに、これまでにない２つの国での生き方を考えなければならない。日本語教育がますます複雑になっているのが、日系社会であった。

日本語教育の専門家としてパラグアイでの巡回指導から見えたこと——猿渡哲夫さん

パラグアイ日本人移住80周年記念式典が、２０１６年9月に行われた。ＪＩＣＡのシニアボランティアとして2年間、各移住地の日本語巡回指導を行った猿渡哲夫さんはこの式典に参列し、パラグアイが親日国家であることを実感した。それは、来賓として大統領、副大統領をはじめ10人以上の大臣が出席していたこと、大統領から日本人へのメッセージとして、「パラグアイの発展に貢献したことに対する感謝や今後の活躍への期待」が込められていたことを聞いたときであったという。移住80周年の記念切手の発行がそれを物語っていること、パラグアイの議会では大使や日本人会会長にパラグアイ国からの感謝状が贈られたことにも表れていると話す。

移住80周年行事は、ほかに「日本祭り」がアスンシオン市内の広場で行われた。

「およそ1万６０００人を越す多くの参加者の中に、多くのパラグアイ人が参加していました。パラグアイ人の日本の文化への関心の高さを感じました」

猿渡さんは、移住地の日本語教育だけではなく、アスンシオン市内にある日本語教育を行っている学校も訪問し、教育談議に花を咲かせていた。なかで、パラグアイ人のオルテガ校長夫妻が開校したＮＩＨＯＮ　ＧＡＫＫＯ（日本学校）について、印象をこう語る。

パラグアイ、アマンバイ日本語学校の校長による授業。生徒は少ない（猿渡哲夫さん提供）

「夫妻は日本国内の大学に留学して、そのときの体験をもとに日本の教育の秩序や規律を持って努力することを大事にした教育、頑張れば成功するという信念をもとにした学校経営を目指しているそうなんですよ。将来、パラグアイの国のために活躍する人材を育成しようという強い信念が理解できました」

猿渡さんは移住地の日本語学校巡回訪問の際におもにホテルに宿泊していたが、半年過ぎて現地の人たちと打ち解け、親しくなったころ、日系人に家に泊めてもらえるようになった。食事をしながら、移住の苦労話をしてくれた。それは、貴重な経験であり日本語の指導員としても研修になったと言う。

「日本人移住80年の歴史の中で艱難辛苦の時代には、移住者で協力して毎日の生活を耐え、寺子屋のような場所で読み書きそろばんなどの学校が誕生しました。学校関係の経験者を中心に、その後、各移住地で日本語学校が誕生していくことに繋がっていきます。ヨーロッパから移住してきた人たちは、まず教会を建てたということを聞きました。日本人は学校を作りましたから、国民性の違いを垣間見ました」

日本人は真面目に働く、約束を守るなど、次第に信用されるようになっていったこと、パラグアイが、世界有数の小麦や肉牛の生産国になっていく過程で日本人の活躍があったことは、今後の日系人

パラグアイ、アマンバイ日本語学校の生徒たちの切り絵作品（右後ろが日本語の巡回指導をした猿渡哲夫さん＝写真提供）

の活躍が期待されることに繋がると語る。

猿渡さんは巡回を重ねていくうちに、日本語を話す、書くといったことが低下するのではないかと、危惧した。各移住地の家庭ではスペイン語の使用が多くなっており、のみならず今のところスペイン語、日本語両方を話す家庭が多くても、スペイン語が多く使われるようになってきている。祖父母と同居している家庭では日本語が使われているが、世代交代によりスペイン語に切り替わっていくだろう。学校や日本人会からの連絡文書が日本語とスペイン語が使われていることや、高校や大学に進学して家庭を離れると日本語を使う機会が少なくなる傾向があるからだ。しかし、これは止むをえないだろうと猿渡さんは考える。

アスンシオン日本語学校の教育目標は、「国語および日本語教育を通して、日本文化を理解し、広い視野と豊かな人間性を身につけた子どもを育てる」とある。またアスンシオン市内には、福岡県出身の栄田寛三氏が校長を務める、１９７３年に創立した三育学院という幼小中高の一貫校がある。地方の移住地から通学する日系人の子どもたちは、学院内に併設された学生寮に寄宿し、アスンシオン市内の高校を経て国内の大学やチリ、アルゼンチンの大学へも進学した。

そして教育や医学の分野で活躍している多くの卒業生を輩出している。栄田寛三学院長と教育に関して意見交換をしたことは、猿渡さんにとって楽しい時間であり、また思い出深い出来事になっている。

「どの日本語学校でも、先生方の真摯な努力、子どもたちのまじめに、明るく学習している態度を参観しました。しかし、現在、大学に進学する若者が次第に減少していることを嘆いていることを聞きました」

一世、二世は苦労して高校や大学へ進学したり勉学への強い意欲があり、卒業生の中には医者や教育者に、あるいは移住地の市長になったりした。しかし豊かな生活をするようになった現在では、進学に対する強い意欲が以前に比べて低下している。

移住者はこれまでに約8万5000人になり、1989年には移住協定が無期限に延長された。

「親日国家であるパラグアイで、国の期待に応えることや、また日系人として活躍するために、そしてパラグアイと日本との架け橋となることを求められていることを常に認識していくこと、その努力がパラグアイの発展に大いに貢献しますし、これからの親日関係を築き上げることになっていくことを忘れてはならないでしょう」

現在は、日本語スピーチコンテストで中学生や高校生の中から優秀な成績の学生に、日本との交流のほか、各移住地の熱意ある青年たちに農業や酪農などを中心に日本での視察研修の機会が与えられている。今後はさらに、日本人会連合会を中心に若者を育成することに取り組むことが重要で、大使（館）や日本の政府（国）の支援が何よりも大切であることは言うまでもない。水や交通などの環境問題、医療や教育の問題など、パラグアイが抱えている諸問題について日本が支援・援助していく役割は極めて大きい。これらはパラグアイだけではなく、南米の日系社会にとって共通の大切な点ではないか、と猿渡さんは訴える。

アルゼンチンの日本語学校で指導して見えたこと――古川裕子さん

アルゼンチンは国土が広いが、日本人の移住者はあまり多くない。国際協力機構（ＪＩＣＡ）青年海外協力隊の日本語教師として日系社会に派遣された古川裕子さんに、アルゼンチンの日本語教育について尋ねた。

アルゼンチンには日本人移住地が2つあり、他の国に移住したがその後アルゼンチンにやってきた「転住」の人々がいる。移住者は多くが首都ブエノスアイレスに近い地域に住んでいる。

子どもたちの多くはアルゼンチンの現地校が終わってから、日本語の勉強のため日本語学校へ行く。日本人移住者が多い地域には日本語学校が6校あり、日本の国語の教科書や、小学校低学年用の基礎を教える日本語の教科書を使っている。外国語としての日本語ではなく、日本の文化を背景として使われる日本語教育に重点を置いた「継承日本語」である。

ほかに、日系人が比較的多く住む地域に午前から午後まで授業を行う私立の学校があり、この学校ではスペイン語で各教科を教えるほかに日本語の授業もある。この学校には日系人だけでなくアルゼンチン人も通っており、日本語を習いたいという人も多い。また、夜間に大人向けの日本語教室を開いており、一世などの中で日本語教育を十分に日本で受けていなかった人たちが日本語を学びに通っているとのことである。

古川さんの活動する場所は、首都ブエノスアイレス近郊の日本人が比較的多い地域にある日本語学校で、現地校が終わってから始まる学校で授業を受け持った。

祖父母など一世と住んでいる子どもたちは家で日本語を話しているためか、日本人のような日本語が残っている。だが三世、四世になると家で日本語は使わなくなり、親に日本語を勉強するように言われるから日本語学校に来ているという様子が見え、日本語学習への意欲は薄れている。言われるままに日本語学校へ行き、出されたから宿題をする、という程度でしかなくなっていく。日本への興味も薄れているから、子どもたちは日本語を勉強する目的が分からず、授業を受けても定着しないまま通り過ぎる子、しまいに日本語学校へ行くことを渋る子も出てくる。

アルゼンチン、アカスーソ日本語学校での書道の授業。低学年は半紙がないので新聞紙に書き、硯の代わりに卵の殻を使った（青年海外協力隊、古川裕子さん提供）

教える側は教え方だけでなく、生徒たちのやる気を引き出すことや学習の目的を持たせることなど、日本語以外の教育面が求められる。親はなんとか子どもたちを学校へ行かせようとし、教師も学校へ来るようにと考えるのだが、子どもたちのモチベーションを上げることは難しく、どの学校にとっても課題となっている。

継承日本語の維持も難しい。日本語を使い、日本の文化をよく知っている一世の先生たちが高齢化し引退していく。追い打ちをかけるように、教師を引き継いだ二世や三世たちは日本で教育を受けたことがなく、二世、三世の教師の日本語力も落ちてきている。

それは仕方がない面もあると古川さんは言う。

「学校教育ではスペイン語で勉強し、考えているので、スペイン語が考えをまとめたり表現する基礎になっていきます。家庭での生活が日本語であっても、日本語でも話す・読む・書くことができるレベルの、完全なバイリンガルとして2つの言語を使いこなすのは難しいですね」

このような状況だから、生徒から見ても教師から見ても、現在、日系社会の日本語学校は過渡期にあり、存続の危機として捉えてもいいのではないかと古川さんは続けた。

授業内容や生徒のモチベーションだけでなく、日本語学校の運営は経済的にも厳しい。月謝を上げると保護者の負担が増えるので、日本語教室の経済支援として保護者と協力し文化教室を始めた学校がある。日本料理教室には問い合わせが多数あった。折り紙、太鼓、切り絵なども人気がある。大人向けの1学期3カ月間のコースにして日本語講座も開いたが、夏休みを挟むと急に学習者が減り、大人向けの日本語教室については課題として残った。

日本文化の教室があると聞いたアルゼンチン人の子どもたちの中に希望者が増えており、他の日系社会にもその文化教室が知られるようになると、文化教室を取り入れたいという地域が出てきた。日本人会は日本文化をアルゼンチン社会で理解してもらうことも目指しているので、ようやく実を結んできている。のみならず日本文化理解の行事は、日本語をかつて学んだがその後離れてしまった子どもたちに、日本文化と日本への興味を与えた。あまり日本語を覚えていなかった子どもや大人たちが、文化教室で日本文化を学ぶと日本語教室にもやって来るようになった。

日本語を学んだ二世、三世が日本語教師になることは多い。日系人の日本語教師の課題として、教えることに慣れないうちは教科書に頼り、教科書にあることを教えよう、教科書からはみ出さないようにしようとする点が気にかかる。

「教科書はあくまでも教材で、それを使って、学習者に身近な表現であることを理解・納得するように授業内容を考えることが、大切なんです。でも、授業だけでなく、教科書にも問題があります」

　教科書の内容や日本語の表現では、もう一つ、しっくりこないものがある。継承日本語教育では日本の小学校の国語教科書を使っており、それは「日本で」「日本の生活をもとに」作った日本語の教科だから、例として挙げられている日本語の使い方の背景が理解しにくい。外国人に教えるための日本語の教科書でも、外国人には少しわかりにくい表現がある。それは、物事の受け取り方や感じ方が日本人とは違う文化を持っているからで、国が違えば表現が違うのは当然のことだ。だから、現場に即した教科書が必要になる。

アルゼンチン、アカスーソ日本語学校の学芸会。日本の学校の運動会を勉強し、生徒たちが演じた（古川裕子さん提供）

　ある情景などを表す場合でも、日本語の表現とアルゼンチンの表現とは違うため、生徒たちが文法としては理解できるが内容を理解することに時間がかかる。たとえば、「運動会」がある。日本で運動会はどの学校でも行われているので当たり前だが、アルゼンチンには運動会がない。教えずに通り過ぎることはできるが、それが何かを伝えたいとき、「学校行事の一つで児童が徒競争や玉入れなどを練習して、学校の全部の児童の前や、保護者に見せる」などという説明は、言葉としての理解でしかない。運動会のための練習や学校の盛り上がった雰囲気、子どもたちのわくわくした気持ちなど、「運動会」が持っているさまざまな情景などを実感できないし、おそらく伝わらないだろう。

教科書の問題点はまだある。家庭で日本語を使わない子どもの場合、小学校に入って初めて日本語を習うことになるので、日本の子ども用の教科書でも難しい。「私」や「先生」などの言葉が、日本の教科書では当然知っているものとして書いてあるが、子どもたちはそれらの言葉を聞いたことがないからだ。

そこで、小学生用の教科書、日本語能力試験の範疇にない日本語入門ともいえるN7、N6レベルの教科書を作ろうと、これまで現地の先生や青年海外協力隊たちが着手した。だが青年海外協力隊の任期は2年だから完成にこぎつけることができず、立ち消えになったことが多いのは残念なことだと、古川さんは言う。

一方で、日系二世の先生たちが独自な日本語教育をしている学校がある。新興住宅街で一世が少なく二世、三世の親が多い。ここにある日本語学校には二世、三世の子どものほか非日系の子どもたちもいる。教科書は手作りだ。一世の先生はいないので二世の先生たちは前例にも日本の日本語教育の方法にもとらわれずに、二世としての考えや自分の経験に照らしての思いが教育に反映されていると古川さんは感じた。とくに、アイデンティティの確立を助けるような教育がみられた。それは、アルゼンチンと日本の両方の国のルーツと文化を持つダブルとしての考え方など、自分たちが通過してきただろう体験をもとにした授業で、どちらの国にも属している「特別な存在」なのだということを意識する、意識させる教育だった。特別授業のような形で年に2回ほど、二世の先生たちによる企画だった。おもにスペイン語を使い、ときどき日本語も交えていた。

「たとえば、人型の大きな模造紙を天井から下げて、表はスペイン語、裏は日本語で『アルゼンチン人としての自分』『日本人としての自分』の良いところを子どもたちが考え、挙げて、人型に記入します。その人型を見ながら、今の自分たちだよ、と示し、子どもたちが認識できるようにする、というような授業でした」

その授業を見たとき、とても感心したという。

「二世だからといじめられたり、肩身の狭い思いをした親が多く、子どもたちにはのびのびと育ってもらいたいという親や教師の願いが込められていたのを、強く感じました」

これまでは、日本に行きたいという子はあまりいなかったのだが、このような授業がきっかけとなって「日本」という国を意識した子が出てきた。ＪＩＣＡの中学生研修に応募して日本へ来た子もいる。アルゼンチンからの応募は久々だった。

おわりに

目の前に「国境」があった。

アメリカのアリゾナ州の南、メキシコとの国境近くにサボテンの国定公園がある。埃っぽい道をフェンス沿いに走っていたとき、メキシコ側の道路をトラックがガタガタと揺れながらやってきた。すれ違いざま、メキシコ人が手を振った。私たちも手を振った。税関から少し離れた場所で人々が移動していた。メキシコ人がフェンスにあいた大きな穴をくぐり、アメリカ側のバーの前に男たちがいた。

アンデスの山の上、標高３８００ｍにあるチチカカ湖付近に、ペルーとボリビアとの国境がある。水の半分はペルーで、半分がボリビアである。山高帽の先住民の女性たちが歩いていく。何枚も重ね履きした脛の半分までの長いスカートが、一足踏み出すごとに揺れる。背中にはグレー、緑、ピンクの柄のふろしきを斜めに括り付けている。先住民は、日々の生活のために国境線を超える。国境ができる前から住んできたのだろう。子どもたちにカメラを向けると、どこからか母親の叫び声が聞こえ、子どもたちは一目散に逃げていった。先住民は写真に撮られると魂を取られると信じているのだと、ボリビア人は言う。

パラグアイとブラジルとの国境の町に、国境を示すものは歩道の真ん中にある道標だけだった。国境を感じるのは、広い道路を挟んではす向かいに建つ税関の建物と、その広い道路を横断しているときに植栽や道路の広さが変わり、通りに並ぶ店のショーウィンドウの展示の仕方も違ってくることだった。しかし、そんな違いを示す国境をまたいで、日系人の子どもたちはパラグアイ側の日本語学校に通い、大人はブラジル側のスーパーマーケットやレストランへ行く。あるいは、パラグアイ側に住んでブラジル側に仕事に行く。

日本の国境は、海にある。海を越える旅行は気晴らしになるが、国境を超えて生活そのものを移すことには抵抗を感じるのではないだろうか。しかし、海を越えた向こうに日本国籍を持つ多くの人や、彼らの子どもたち、孫たちがいる。

南米へのツアー企画の中に、パラグアイの移住地を訪ねるコースがあった。南米へ行ってわざわざ「日本」を見るのは不思議かもしれないが、日本の伝統を日本以上に受け継いでいる地域で和食を取りながら、移住した人々の歴史や移住した人々の気持ちを知るのは興味深い体験になる。日本を母国、ルーツの国と思う彼らは、在日の日本人を遠くの親戚だと思ってきたから、日本に災害があれば助けてくれた。

移民を送り出してきた日本政府や県は、これまで各国の日系社会に支援してきた。損得を言えば、日本は食料の輸入国で食料自給率が低下しているため、在外日本人・日系人が多く暮らす南米から、それも季節が逆の南米から食料が届くことは大きな安心感をもたらす。また、彼らが精一杯生きてきた姿を見て、移住先の国の人々は日本への親近感を抱いてくれている。30年ほど前、南米のいくつかの国の建造物には日本の協力である旨のプレートをよく見かけたが、2016年になると減った。

日系二世の日本国籍回復も解決しなければならない。日系人は、生まれた国とルーツを持つ国の、2つの文化のなかで育つ。日本国籍を持つ日本生まれの親を持ち日本で生まれ育ってきた人は、少しだけ想像してほしい。外国にいる親のもとで、外国で生まれた自分は外国籍だが、親は日本国籍である。自分のルーツも日本なのに、日本の国籍が持てない。日本国籍を申請したら、生まれた国と日本とどちらかを選ばなければならない。2つのアイデンティティを持つ人が2つの国籍を持つのは不思議ではない。世界的に見ても2重国籍は珍しいことではない。

鳥居淳子氏は、2013年11月に京都学園大学法学部の講演で、世界で起こっている無国籍（とくに難民と国籍）について、「国籍を持つこと自体が人権」であると述べた。個人はどこかの国家に結びつけられていると同時に、その個人は国家から保護され、その国家の市民としての権利や政治的な権利も持っている。

一世が日本国籍を持っている、あるいは持っていたのだから、二世が日本国籍を持つことに不都合はない。日本のルーツを持つ人が日本国籍を持つことは権利であろう。日本にいる人で日本にルーツがあれば日本国籍、ルーツが日本であっても外国にいる人は外国籍、と単純に線を引くことはできない。

国境も同じで、世界地図を見て国境があることは当然のように思ってきたが、そこに住む人の意志ではなく他者の意志や都合で引かれた国境もある。国境があることを意識せずに買い物や仕事に行き国境線を踏んで生活する人々の国境は、隔てるものではなく、行き来するものである。訪れた人にとっては、生活の中で出会いを楽しむ所だった。私たちは、無意識のうちに自分の中に国境という線を引いているのではないだろうか。

地球環境問題から将来人類が火星に移住できるようにと研究や実験をする人たちがいる現在、協力して「人類」が生き延びる道を探る時代に入っている。国境も国も超えた「日系人という存在」は、「人類という存在」でもある。

本書は多くの方に助けられ、支えられて完成しました。快く多くの時間を割いて話をしてくださり、もてなしてくださった方々に、深く感謝いたします。写真を貸し出し提供してくださったみなさま、国籍についての資料を探してくださった竹村隆弁護士、また仲介の労を取ってくださった方など、多くの方にお礼申し上げます。

最後に、とりとめもない原稿を忍耐強くチェックし、出版につなげてくださった梨の木舎の羽田ゆみ子さんと編集者の長谷川健樹さん、素敵なデザインをしてくださったデザイナーの宮部浩司さんに、厚くお礼申し上げます。

佐藤　葉

2025年3月

参考文献

われら新世界に参加す　海外移住資料館展示案内　独立行政法人　横浜国際センター
オクスナード仏教会50年史　１９２９—１９７９　The 50th Anniversary Book Publication Committee
MANZANAR　John Armor and Peter Wright　Times BOOKS
THE LOST YEARES 1942-46 Edited by Sue Kunitomi Embrey　Moonlight Publications
日系人の夜明け——在米一世ジャーナリスト浅野七之助の証言　長江好道著　岩手日報社日系アメリカ女性——三世代の１００年　メイ・T・ナカノ著　サイマル出版会
フッドリバーの一世たち　リンダ・タムラ著　中野慶之訳　メイナード出版
日系アメリカ人　強制収容から戦後補償へ　岡部一明著　岩波ブックレット
ティグナー報告書　琉球政府
希望の大地——ボリビアに期待と夢を——コロニア・オキナワ入植50周年記念ガイドブック　沖縄ボリビア協会
ボリビアに生きる——日本人移住１００周年記念誌　ボリビア日系協会連合会　ボリビア移住１００周年記念誌編纂委員会
ボリビア日系協会連合会、ボリビア日本人移住１００周年移住史編纂委員会
うるまからの出発——コロニア・オキナワ入植40周年記念誌　コロニア・オキナワ入植四十周年記念誌編纂委員会
沖縄移住地——ボリビアの大地とともに　具志堅興貞著　照井裕編　沖縄タイムス社
ボリビアの「日本人村」　国本伊代著　中央大学出版部
沖縄・読谷村の挑戦　山内徳信／水島朝穂著　岩波ブックレット
日本の敗戦　荒井信一　岩波ブックレット
ボリビアを知るための68章　真鍋周三編著　明石書店
パラグアイ日本人移住80周年記念誌　パラグアイ日本人移住80周年記念誌刊行・編纂委員会　パラグアイ日本人会連合会
パラグアイ移住読本　拓務省拓務局

富士見町史　富士見町編　富士見町発行
誰が移民を送り出したのか――環太平洋における日本人の国際移動・概観　立命館大学　坂口満宏
アリアンサと信濃海外協会　木村快　アリアンサ史研究会
ブラジル移民の100年　国立国会図書館（1）電子展示一覧

【著者プロフィール】

佐藤　葉（さとう　よう）

ノンフィクションライター、日本語教師、作文・エッセイ講師。

1972年　東京女子大学卒業。

会社員、雑誌社で編集・記者を経てフリーランスライターとなり、雑誌を中心に取材記事を執筆。

60歳過ぎて日本語教師養成学校で「日本語教師養成講座420時間」を修了。東京、パラグアイ、ボリビア、長野県で日本語を教える。

著書・共著
『現役です70歳』ユック舎
『はじめてのPTA』WAVE出版
『橘式人間教育』晩聲社
『60歳から少しだけ社会貢献を始める本』実務教育出版

さあ行こう！ 一家をあげて南米へ
――日本人移民の物語

2025年3月15日　　初版発行

著　者：佐藤　葉
装　丁：宮部浩司
発行者：羽田ゆみ子
発行所：梨の木舎
〒101-0061 東京都千代田区神田三崎町2-2-12 エコービル1階
TEL. 03(6256)9517　FAX. 03(6256)9518
Eメール　info@nashinoki-sha.com
http://nashinoki-sha.com
電話：03-6256-9517　　FAX:03-6256-9518

ＤＴＰ：具羅夢
印　刷：株式会社 厚徳社

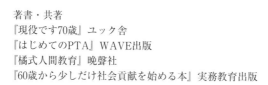

30.	改訂版 ヨーロッパがみた日本・アジア・アフリカ―フランス植民地主義というプリズムをとおして	海原峻著	3200円	
31.	戦争児童文学は真実をつたえてきたか	長谷川潮著	2200円	
32.	オビンの伝言 ―タイヤルの森をゆるがせた台湾・霧社事件	中村ふじゑ著	2200円	
33.	ヨーロッパ浸透の波紋	海原峻著	2500円	
34.	いちじくの木がたおれぼくの村が消えた―クルドの少年の物語	ジャミル・シェイクリー著	1340円	
35.	日本近代史の地下水脈をさぐる ―信州・上田自由大学への系譜	小林利通著	3000円	
36.	日本と韓国の歴史教科書を読む視点	日本歴史教育研究会編	2700円	品切
37.	ぼくたちは10歳から大人だった ―オランダ人少年抑留と日本文化	ハンス・ラウレンツ・ズヴィッツァー著	5000円	
38.	女と男　のびやかに歩きだすために	彦坂諦著	2500円	
39.	世界の動きの中でよむ　日本の歴史教科書問題	三宅明正著	1700円	
40.	アメリカの教科書に書かれた日本の戦争	越田稜著	3500円	
41.	無能だって？それがどうした?! ―能力の名による差別の社会を生きるあなたに	彦坂諦著	1500円	
42.	中国撫順戦犯管理所職員の証言―写真家新井利男の遺した仕事	新井利男資料保存会編	3500円	
43.	バターン　遠い道のりのさきに	レスター・I.テニー著	2700円	
44.	日本と韓国の歴史共通教材をつくる視点	歴史教育研究会編	3000円	品切
45.	憲法９条と専守防衛	箕輪登・内田雅敏著	1400円	
47.	アメリカの化学戦争犯罪	北村元著	3500円	
48.	靖国へは行かない。戦争にも行かない	内田雅敏著	1700円	
49.	わたしは誰の子	葉子・ハュス－綿貫著	1800円	
50.	朝鮮近代史を駆けぬけた女性たち３２人	呉香淑著	2300円	
51.	有事法制下の靖国神社	西川重則著	2000円	
52.	わたしは、とても美しい場所に住んでいます	基地にNO!アジア・女たちの会編	1000円	
53.	歴史教育と歴史学の協働をめざして ―ゆれる境界・国家・地域にどう向きあうか	坂井俊樹・浪川健治編著	3500円	
54.	アボジが帰るその日まで	李熙子・竹見智恵子著	1500円	
55.	それでもぼくは生きぬいた ―日本軍の捕虜になったイギリス兵の物語	シャーウィン裕子著	1600円	
56.	次世代に語りつぐ生体解剖の記憶 ― 元軍医湯浅さんの戦後	小林節子著	1700円	
57.	クワイ河に虹をかけた男―元陸軍通訳永瀬隆の戦後	満田康弘著	1700円	
58.	ここがロードス島だ、ここで跳べ、	内田雅敏著	2200円	
59.	少女たちへのプロパガンダ ―「少女倶楽部」とアジア太平洋戦争	長谷川潮著	1500円	
60.	花に水をやってくれないかい？ ― 日本軍「慰安婦」にされたファン・クムジュの物語	イ・ギュヒ著/ 保田千世訳	1500円	
61.	犠牲の死を問う―日本・韓国・インドネシア	高橋哲哉・李泳采・村井吉敬／コーディネーター内海愛子	1600円	

梨の木舎の本

●シリーズ・教科書に書かれなかった戦争——既刊本の紹介● 20.46.欠番 価格は本体表記（税抜）

1. 教科書に書かれなかった戦争	アジアの女たちの会編	1650円	
2. 増補版 アジアからみた「大東亜共栄圏」	内海愛子・田辺寿夫編著	2400円	
3. ぼくらはアジアで戦争をした	内海愛子編	1650円	
4. 生きて再び逢ふ日のありや―私の「昭和百人一首」	高崎隆治撰	1500円	在庫僅少
5. 増補版 天皇の神社「靖国」	西川重則著	2000円	在庫僅少
6. 先生、忘れないで！	陳野守正著	2000円	
7. 改訂版 アジアの教科書に書かれた日本の戦争―東アジア編	越田稜編著	2200円	
8. 増補版 アジアの教科書に書かれた日本の戦争―東南アジア編	越田稜編著	2500円	
9. 語られなかったアジアの戦後―日本の敗戦・アジアの独立・賠償	内海愛子・田辺寿夫編著	3107円	品切
10. 増補版 アジアの新聞が報じた自衛隊の『海外派兵』と永野発言・桜井発言	中村ふじゑ他翻訳・解説	2700円	
11. 川柳にみる戦時下の世相	高崎隆治選著	1825円	
12. 満州に送られた女たち大陸の花嫁	陳野守正著	2000円	品切
13. 増補版 朝鮮・韓国は日本の教科書にどう書かれているか	君島和彦・坂井俊樹編著	2700円	在庫僅少
14.「陣中日誌」に書かれた慰安所と毒ガス	高崎隆治著	2000円	
15. ヨーロッパの教科書に書かれた日本の戦争	越田稜編著	3000円	
16. 大学生が戦争を追った―山田耕筰さん，あなたたちに戦争責任はないのですか	森脇佐喜子著・解説高崎隆治・推薦内海愛子	1650円	
17. １００冊が語る「慰安所」・男のホンネ	高崎隆治編著		品切
18. 子どもの本から「戦争とアジア」がみえる―みんなに読んでほしい300冊	長谷川潮・きどのりこ編著	2500円	
19. 日本と中国－若者たちの歴史認識	日高六郎編	2400円	品切
21. 中国人に助けられたおばあちゃんの手からうけつぐもの	北崎可代著	1700円	
22. 新装増補版・文玉珠－ビルマ戦線楯師団の「慰安婦」だつた私	語り・文玉珠／構成と解説森川万智子	2000円	
23. ジャワで抑留されたオランダ人女性の記録	ネル・ファン・デ・グラーフ著	2000円	
24. ジャワ・オランダ人少年抑留所	内海愛子他著	2000円	
25. 忘れられた人びと―日本軍に抑留された女たち・子どもたち	S・F・ヒュ－イ著・内海愛子解説	3000円	
26. 日本は植民地支配をどう考えてきたか	和田春樹・石坂浩一編	2200円	
27.「日本軍慰安婦」をどう教えるか	石出法太・金富子・林博史編	1500円	
28. 世界の子どもの本から「核と戦争」がみえる	長谷川潮・きどのりこ編著	2800円	
29. 歴史からかくされた朝鮮人満州開拓団と義勇軍	陳野守正著	2000円	

●シリーズ・教科書に書かれなかった戦争——既刊本の紹介● 20.46.欠番 価格は本体表記(税抜)

62. ビデオ・メッセージでむすぶアジアと日本——わたしがやってきた戦争のつたえ方	神直子著	1700円
63. 朝鮮東学農民戦争を知っていますか?——立ちあがった人びとの物語	宋基淑著 / 中村修訳	2800円
64. 韓国人元BC級戦犯の訴え——何のために、誰のために	李鶴来著 解説 内海愛子	1700円
65. 2015年安保、総がかり行動—大勢の市民、学生もママたちも学者も街に出た	高田健著	1800円
66. 歴史を学び、今を考える——戦争そして戦後	内海愛子・加藤陽子 著	1500円
67. ラケットはつくれない、もうつくれない——戦時下、下町職人の記憶	青海美砂 著 五十嵐志朗 画	2000円
68. 過去から学び、現在に橋をかける——日朝をつなぐ35人、歴史家・作家・アーティスト	朴日粉 著	1800円
69. 画家たちの戦争責任——藤田嗣治の「アッツ島玉砕」をとおして考える	北村小夜 著	1700円
70. 新装増補版 慈愛による差別——象徴天皇制・教育勅語・パラリンピック	北村小夜 著	2200円
71. 対決!安倍改憲——東北アジアの平和・共生と新型コロナ緊急事態宣言	高田健 著	1600円
72. 村井宇野子の朝鮮・清国紀行——日露戦争後の東アジアを行く	内海愛子 編・解説	1800円
73. 戦争花嫁 ミチ —— 国境を越えた女の物語	田村恵子 著	1700円
74. 敵対から協力へ——ベトナム戦争と枯れ葉剤被害	レ・ケ・ソン チャールズ・R・ベイリー 著	2800円

●シリーズ・教科書に書かれなかった戦争 わたしたちの《歴史総合》

75. 7人の戦争アーカイブ——あなたが明日を生き抜くために	内海愛子 編著	2420円

教科書に書かれなかった戦争

⑫村井宇野子の朝鮮・清国紀行

日露戦争後の東アジアを行く

内海愛子【編／解説】

漱石よりも 3 年前だった。新たな「帝国の版図」を、日本人女性が歩いた、軽便鉄道、軍用鉄道を乗り継ぐ全長 8700 キロの旅。図版多数

978-4-8166-2106-2
A5判／186頁　1,800円+税

---

⑬戦争花嫁　ミチ

――国境を越えた女の物語

田村恵子 著

オーストラリア人兵士との出会いと結婚。日本人戦争花嫁たちが持っていた冒険心と好奇心、周囲に惑わされない独立心が、新しい挑戦に向かわせた――。

978-4-8166-2204-5
四六判／192頁　1,700円+税

---

⑭敵対から協力へ

――ベトナム戦争と枯れ葉剤被害

著者：レ・ケ・ソン　チャールズ・R・ベイリー　翻訳：北村元・他 著

戦争は最大の環境破壊だ！ 戦争終結47年後の今もエージェントオレンジ／ダイオキシンは人と自然を破壊し続けている。かつての敵２人の研究者が、世界へ発信する。

978-4-8166-2205-2
A5判／281頁　2,800円+税

---

⑮7人の戦争アーカイブ

――あなたが明日を生き抜くために

内海愛子 編　◉鶴見和子：「水俣とアニミズム」／◉北沢洋子：反アパルトヘイト／◉鄭敬謨：在日評論家板門店でアメリカがみえた。／◉高崎隆治：『戦争文学通信』／◉岡本愛彦：演出家「わたしは貝になりたい」／◉湯浅謙：軍医『消せない記憶』／◉亀井文夫：映画監督『戦ふ兵隊』

この危うい時代を私たちはどう生きるのか? 戦争の時代を生きた7人から、あなたにつなぐ《歴史総合》。

978-4-8166-2401-8
A5判／254頁　2,200円+税